RECVEIL

DE

TOVTES LES

PIECES FAITES PAR

THEOPHILE, DEPVIS
ſa priſe iuſques à preſent.

*Miſes par ordre, comme vous voyez
à la Table ſuiuante.*

A PARIS,

M. DC. XXV.

TABLE DES PIECES
contenuës en ce Recueil.

AV LECTEVR.

AMý Lecteur, on vous a cy deuant com-
muniqué vn Recueil des pieces faites par
Theophile, depuis fa prife : mais ils ne vous
ont fait offre, que d'vn amas de difcours mal ad-
jancez, fuppofez & empruntez de plufieurs
autres.

Parquoy ayant tout feul eu communication
des vrayes pieces que ledit Theophile a faites,
depuis fa prife iufques auiourd'huy , ie vous lès
prefente auec affeurance que vous ny trouuerez
rien qui ne foit forty de fa plume. Adieu.

LA PLAINTE
DE THEOPHILE
A SON AMY TIRCIS.

IRCIS *tu cognois bien dans le mal
qui me presse*
*Qu'vn peu d'ingratitude est iointe à ta
paresse,*
Tout contre mon brasier ie te voy sommeiller,
Et sa flamme & son bruit te deuroit esueiller. (ue,
Tu sçais bien qu'il est vray que mon procez s'ache-
Qu'on va bien tost brusler mon pourtraict à la Greue,
Que desia mes amis ont trauaillé sans fruict
A preuenir l'horreur de cest infame bruit.

Que le Roy me delaisse, & qu'en ceste aduenture
Vne iuste douleur, doit forcer ma nature:
Que le plus resolu ne peut, sans souspirer
Entendre les ennuys où tu me vois durer.

Sçache aussi que mon ame est presque toute vsée,
Que Cloton tient mes iours au bout de sa fuzée!
Qu'il faut que mon espoir se rende à mes malheurs,
Et que mon iugement, me conseille les pleurs.

Que si mon mauuais sort a finy la durée,
De la saincte amitié que tu m'auois iurée,

A

Comment, suiuant le cours du naturel humain,
Tu me vois tresbucher ans me donner la main,
Pour le moins fay semblant d'auoir vn peu de peine,
Voyant le precipice où le Destin me traisne,
Afin qu'vn bruit fascheux ne vienne à me blasmer,
D'auoir si mal cogneu qui ie deuois aymer.

Damon qui nuit & iour pour esuiter ce blasme
S'obstine à trauailler & du corps & de l'ame,
M'asseure pour le moins en son petit secours
Que sa fidelité me durera tousiours.

Il ne tient pas à luy que l'iniuste licence
De mes persecuteurs, ne cede à l'innocence:
Il fait tout ce qu'il peut pour escarter de moy
Les perils qui me font examiner ta foy.

Sans eux ie n'aurois veu iamais ton ame ouuerte,
Tousiours ta lascheté m'auoit esté couuerte,
L'excez de mon malheur n'est cruel qu'en ce point
Qui me dit, malgré moy, que tu ne m'aymes point.

Si le moindre rayon de la vertu t'esclaire,
Souuiens-toy qu'on t'a veu, dans le soin de me plaire
Et qu'auant la disgrace où tu me vois soubmis
Tu faisois vanité d'estre de mes amis.

Regarde que ton cœur se lasche & m'abandonne
Dés le premier essay que mon mal-heur te donne:
Et que tu sçay mon sort n'estre auiourd'huy batu
Que par des trahisons qu'on fait à ma vertu.

Toy mesme qui me vois au fonds de ma pensee,
Qui sçais comme ma vie s'est cy-deuant passee,
Et que dans le sec et d'vn veritable amour
Mon esprit innocent, s'est peint cent fois le iour.

Tu sçais que d'aucun tort, ton cœur ne me soupçõne,
Que ie n'ay ny trompé, ny fait tort à personne.

Que depuis m'estre instruit en la Romaine Loy,
Mon ame dignement a senty de la Foy.

Et que l'vnique espoir de mon salut se fonde
En la Croix de celuy qui rachet le monde?
Mon cœur se porte là d'vn mouuement tout droit,
Et croit asseurement ce que l'Eglise croit.

Bien que des imposteurs, ou vne aueugle ignorance
S'oppose absoluëment aux libertez de France;
Fassent courir des bruits que mon sens libertin
Confond l'Auteur du monde auec que le Destin.

Et leur impertinence a fait croire à des femmes
Que i'estois vn Prescheur d suborner les ames:
On dit pis de ma vie, on parle plus de moy,
Que si i'auois trasté d'exterminer la Loy.

On fait voir en mon nom des odieuses rithmes,
Pour perdre vn innocent, & professer des crimes,
Ils ont fait sous mes pas des creux de toutes parts,
Ont eu des espions à guetter mes regards.

Ont destourné de moy ceux dont les bon genies
Tenoient auecque moy leurs volontez vnies,
Ils ont auec Satan contre moy partisé,
A force de mesdire ils m'ont desbatisé.

Sans autre fondement qu'vne enuieuse rage,
Contre des passe-temps où m'a porté mon aage.
Vn plaisir naturel, où mes esprits enclins
Ne laissent point de place à mes desirs malins.

Vn diuertissement qu'on doit permettre à l'homme,
Ce que sa sainteté ne punit pas à Rome:
Car la necessité que la Police suit,
Punissant ce peché ne fait pas peu de fruit.

Ce n'est pas vne tache à son diuin Empire,
Car tousiours de deux maux faut euiter le pire

A ij

Encore ay-ie vn defaut contre qui leur abboy
Esclatte hautement : C'est Tircis que ie boy.

    Ils ensent que le vin soit le feu qui m'inspire
Ceste facilité, dont tu me vois escrire:
Et qu'on ne me sçauroit ouyr parler Latin,
Si ce n'est que ie sois à la Pomme de Pin.

    Ils croyent que le vin m'ayant gasté l'haleine
M'a plus fait de bourgeons qu'on n'en peint à Silene,
Ie croy que ma disbauche, en ses plus grands efforts,
Ne m'empescha iamais ny l'esprit, ny le corps.

    Mes plus sobres repas meritent des censures,
Par tout ma liberté ne sent que des morsures.
Il est vray que mon sort en cecy est mauuais,
C'est que beaucoup de gens sçauent ce que ie fais.

    Quelques lieux si cachez, où mon peché se niche,
Aussi tost mon peché au carrefour s'affiche :
Par tout où on me void ie suis tousiours à nu,
Tout le crime que i'ay, c'est d'estre trop cogneu,

    Que malgré ma bonte, ceste gloire legere
D'auoir vn peu de bruit, m'a causé de miseres;
Que mon sort estoit doux s'il eust coulé mes ans,
Où les bords de Garonne ont les flots si plaisans!

    Tenant mes iours cachez dans ce lieu solitaire,
Nul que moy ne m'eust fait, ny parler ny me taire,
A ma commodité i'aurois eu le sommeil,
A mon gré i'aurois pris & l'ombre & le soleil.

    Dans ces valons obscurs, où la mere Nature
A pourueu nos troupeaux d'eternelle pasture
I'aurois eu le plaisir de boire à petits traits,
D'vn vin clair, petillant, & delicat, & frais.

    Qu'vn terroir, assez maigre, & tout coupé de roches
Produit heureusement sur des montagnes proches

Là mes freres & moy pouuions ioyeusement,
Sans Seigneur, ny vassal, viure assez doucement.

Là tous ces medisans, à qui ie suis en proye
N'eussent point enuisé, ny censuré ma ioye,
I'aurois suiuy par tout l'obiect 'e mes desirs,
I'aurois peu consacrer ma plume à mes plaisirs.

Là d'vne passion, ny ferme, ny legere,
I'aurois donné mon feu aux yeux d'vne bergere,
Dont le cœur innocent eust contenté mes vœux
D'vn ! racelet de chanure, auecque ses cheueux.

I'aurois dans ce plaisir si bien flatté ma vie
Que l'orgueil de Caliste en eust creué d'enuie;
I'aurois peint la douceur de nos embrasemens
Par tous les lieux tesmoins de nos embrassements.

Et comme ce climat est le plus beau du monde
Ma veine en eust esté mille fois plus feconde :
L'aisle d'vn papillon, m'eust plus fourny de vers
Qu'auiourd'huy ne feroit le bruit de l'Vniuers.

Et s'il faut malgré moy, que mon esprit se picque
De l'orgueilleux dessein de son poëme heroique,
Il faut bien que ie cherche vn plus libre seiour,
Que celuy de Paris, ne celuy de la Cour.

Si ma condition peut deuenir meilleure,
Que le Roy me permette vne retraite seure,
Que ie puisse trouuer en France vn petit coin,
Où mes persecuteurs me treuuent assez loin.

Dans le doux souuenir d'estre sorty de peine,
De quelles gayetez nourriray ie ma veine ?
Lors tu seras honteux u'en mon aduersité
Ie t'aye tant de fois en vain sollicité.

D'auoir abandonné le train d'vne fortune
Qu'il te falloit auoir auecque moy commune

Recherche en tes desirs, ores si refroidis
Si tu m'es auiourd'huy, ce que tu fus iadis.

   I' t'eusse fait iadis passer les Pirenees,
I'eusse attaché tes iours auecque mes annees,
Et conduit tes desseins au cours de mon Destin
Des bords de l'Occident, iusqu'au flot du matin.

   Et ie n'ay rien commis, mesme dans mon courage
Qui te puisse obliger à me tourner visage,
Depuis ie n'ay rien fait, & i'en iure les Dieux,
Que d'aymer, ô Tircis, tous les iours vn peu mieux.

   Helas ! si mon mal'heur auoit vn peu de crime,
Ma raison trouuerroit ta froideur legitime,
Ie me consollerois, de ne trouuer dequoy
Ie me peusse en mon mal, me venger que de moy.

   Vn reste d'amitié fait qu'auiourd'huy i'enrage
De sentir que celuy que ie cheris m'outrage:
Tu voy bien que le sort sans yeux ne iugement
Tourne tes volontez auec son changement.

   Depuis mon accident tu m'as troiué funeste,
Tu crois que mon abord te doit donner la peste,
Tu m'accuse par tout où tu me voy blasmer,
Et tu me hay autant que tu me dois aymer.

   Au moins asseure toy, quoy que le temps y fasse
Qu'vn si perfide orgueil n'aura iamais de grace:
Ie voy bien que mes maux acheueront leurs cours,
Qu'vn Soleil plus heureux acheuera mes iours.

   Que ma bonne fortune escrasera l'enuie
Malgré les cruautez qui font gemir ma vie:
Au bout du desespoir paroistra mon bonheur,
Toute ceste infamie accroistra mon honneur.

   Ce n'est pas aux enfans d'vne commune race,
Quelque si grand pouuoir, dont le corps me menace,

Quelque trespas honteux, dont le cruel dessein
S'agite contre moy, dans leur perfide sein.

Et comme mal-gré moy tu t'es rez du perfide,
Comme malgré l'honneur, tu t'es monstré timide
Parmy tous mes trauaux, sçache que malgré toy
Ie garderoy tousiours mon courage & ma foy.

Et l'obstination de la malice noire
Auec ma patience augmentera ma gloire.

LA PENITENCE
de Theophile,

Aviourd'huy que les Courtisans
Les Bourgeois & les artisans,
Et les peuples de la campagne,
Pour noyer les soins du trespas
Passent les exceds d'Alemagne
En leur voluptueux repas.

Que le ieu, la dance & l'amour
Occupent la nuict & le iour,
Des enfans de la douce vie,
Que le cœur le plus desbauché
Contente la plus molle enuie
Que luy fournisse le peché.

Que les plus modestes desirs
Ne respirent que les plaisirs,
Que les luths par toute la terre
Ont fait taire les pistolets,
Et cacher les Dieux de la guerre
Dans la machine des Balets.

Mon ieu, ma dance & mon festin.

Se font auec Sainct Augustin,
Dont l'aymable & Saincte lecture
Est icy mon contrepoison
En la miserable aduanture
Des longs ennuys de ma prison.

  Celuy qui d'vn pieux deuoir
Employa l'absolu pouuoir
A borner icy mon estude,
L'enuoya pour m'entretenir
Dans ceste estroitte solitude,
Dont il voulut m'entretenir.

  Parmy le celeste entretien
D'vn si beau liure & si Chrestien,
Ie me mesle à la voix des Anges,
Et transporté de cest honneur
Mon esprit donne des loüanges
A qui m'a causé ce bon heur.

  Ie voy dans ces d'uins escrits
Que l'orgueil des plus grands esprits
Ne sert au sien que de Trophee,
Et que la sotte Antiquité
Souspire & languit estouffee
Sous le ioug de la verité.

  Tous ces demons du temps passé,
Dont il a viuement tracé
Les larcins & les adulteres,
Sont moins que fantosmes de nuict
Deuant les glorieux mysteres
Du grand Soleil qui nous reluit.

  Tous ces grands Temples si vantez,
Dont tant de siecles enchantez
Ont suiuy les fameux Oracles,

N'ont

N'ont plus de renom ny de lieu,
Et desormais tous les miracles
Se font en la Cité de Dieu.

Grande lumiere de la Foy,
Qui me donnez si bien dequoy
Me consoler dans ses tenebres,
Mon desespoir le plus mordant,
Et mes soucis les plus funebres
Se calment en te regardant.

Ie ne te puis lire si peu,
Qu'aussi tost vn celeste feu
Ne me perce au profond de l'ame,
Et que mes sens faits plus Chrestiens
Ne gardent beaucoup de flame
Qui me font esclatter les tiens.

Ie maudis mes iours desbauchez,
Et dans l'horreur de mes pechez,
Benissant mille fois l'outrage
Qui m'en donne le repentir:
Ie trouue encore en mon courage
Quelque espoir de m'en garentir.

C'est espoir prend à son secours
Le souuenir de tant de iours,
Dont la ieune & grande licence,
Eust besoin des confessions,
Qui chercherent de l'innocence
Pour tes premieres actions.

Grand Sainct pardonne à ce captif,
Qui d'vn emprunt lasche & furtif,
Porte icy ton diuin exemple,
Pressé d'vn accident mortel,
I'entre tout sanglant dans le Temple,

Et me sers du droit de l'Autel.

Alors que mes yeux indiscrets
Ont trop percé dans tes secrets,
IESVS m'a mis dans la pensée
Qu'il se fit ouurir le costé,
Et que sa vene fut percee
Pour lauer nostre iniquité.

Esprits heureux puis qu'auiour d'huy
Tu contemples auecques luy
Les felicitez eternelles,
Et que tu me vois empesché
Des affections criminelles,
De l'obiect mortel du peché.

Iette vn peu l'œil sur ma prison
Et portant de ton oraison
La foiblesse de ma priere :
Gaigne pour moy son amitié,
Et me rends la digne matiere
Des mouuements de sa pitié.

Ie confesse que iustement
Vn si rude & si long tourment
Voit tarder sa misericorde,
Mais ny ma plume ny ma voix
N'ont iamais rien faict que n'acorde
La douceur des humaines Loix.

Et puis que Dieu m'a tant aymé
Que d'auoir icy renfermé
Les pauures Muses estonnees,
Sous les aisles du Parlemens :
Les meschans perdrons leur iournees
A me creuser le monument.

Augustin ouure icy tes yeux:

Ie protefte deuant les Cieux,
La main dans les fueillets du liure,
Où tu m'as attaché les fens :
Qu'il faut pour m'empefcher de viure
Faire mourir les innocens.

REQVESTE DE THEOPHILE
AV ROY.

AV milieu de mes libertez
Dans vn plein repos de ma vie
Où mes plus molles voluptez,
Sembloient auoir paffé l'enuie,
D'vn traict de foudre inopiné
Que ietta le Ciel mutiné,
Deffus le comble de ma ioye,
Mes deffeins fe virent trahis,
Et moy d'vn mefme coup la proye,
De tous ceux que i'auois bays.
    Le vifage des Courtifans ;
Se peignit en cefte auanture :
Des Couleurs dont les medifants,
Voulurent peindre ma Nature,
Du premier trait dont le malheur ,
Separa mon deftin du leur,
Mes amis changerent de face ;
Ils furent tous muets & fourds ,
Et ie ne vis en ma difgrace,
Rien que moy mefme à mon fecours.
Quelques foibles folliciteurs,

B ij

Faisoient encor vn peu de mine,
D'arrester mes persecuteurs,
Sur le panchant de ma ruine :
Mais en vn peril si pressant,
Leur secours fut si languissant,
Et ma guarison si tardisue,
Que la Raison me resolut,
A voir si quelque Estrange riue,
M'offriroit vn port de Salut.

Ie fus long temps a desseigner,
Où i'irois habiter la Terre,
Et sur le point de m'eslongner,
Mille pleurs me fesoient la guerre :
Car le Soleil qui chasque iour
Fait si viste vn si large tour
Ne visit : point de contrée,
Où ces chefs de dissentions,
Ne donnent aysement l'entree,
A quelqu'vn de leurs espions.

Apres cinq au six mois d'erreurs,
Incertains en quel lieu du monde,
Ie pourrois asseoir les terreurs,
De ma misere vagabonde,
Vne incroyable trahison,
Me fit renconter ma prison,
Où i'auois cherché mon Assyle,
Mon protecteur fut mon sergent,
O grand Dieu qu'il est difficile,
De courre auecque de l'argent.

Le billet d'vn Religieux,
Resp-été comme des Patentes
Fit espier en tant de lieux

Le porteur des Muses errantes,
Qu'à la fin deux meschans Preuosts
Forts grands volleurs, & tres-deuots,
Priants Dieu comme des Apostres,
Mirent la main sur mon collet,
Et tous disans leur Patenostres
Pillerent iusqu'à mon vallet.

A l'eclat du premier apas,
Esblouys vn peu de la proye,
Ils doutoient si ie n'estois pas
Vn faiseur de fausse monnoye :
Ils m'interrogeoient sur le pris
De quadruples qu'on m'auoit pris
Qui n'estoient pas au coin de France :
Lors il me print vn tremblement
De crainte que leur ignorance
Me iugeast Preuostablement.

Ils ne pouuoient s'imaginer
Sans soupçon de beaucoup de crimes,
Qu'on trouuast tant a butiner
Sur vn simple faiseur de rimes,
Et quoy que l'or fut bon & beau
Aussi bien au iour qu'au flambeau,
Ils croyent me voyant sans peine,
Quelque fonds qu'on me desrobat,
Que c'estoient des fueilles de chesne
Auec la marque du Sabat.

Ils disoient entr'eux sourdemens
Que ie parlois auec la Lune
Et que le Diable asseurement
Estoit autheur de ma fortune :
Que pour faire seruice à Dieu

Il falloit bien choisir vn lieu ;
Où l'obiect de leur tyrannie
Me fit sans cesse discourir
Du trespas plein d'ignominie,
Qui me deuoit faire perir.

Sans cordon , iartieres ny gans
Au milieu de dix hallebardes
Ie flatois des geux arrogands
Qu'on m'auoit ordonné pour gardes :
Et nonobstant chargé de fers
On m'enfonce dans les Enfers
D'vne profonde & noire caue,
Où l'on n'a qu'vn peu d'air puant,
Des vapeurs de la froide baue
D'vn vieux mur humide & gluant.

Dedans ce commun lieu de pleurs
Où ie me vis si miserable,
Les assassins & les volleurs
Auoient vn trou plus fauorable:
Tout le monde disoit de moy
Que ie n'auois ny Foy ny Loy ,
Qu'on ne cognoissoit point de vice
Où mon ame ne s'addonnat ,
Et quelque traict que i'escrinisse
C'estoit pis qu'vn assassinat.

Qu'vn sainct homme de grand esprit ,
Enfant du bien-heureux Ignace ,
Disoit en chese & par escrit
Que i'estois mort par contumace,
Que ie ne m'estois absenté
Que de peur d'estre executé
Aussi bien que mon effigie,

Que ie n'estois qu'vn subborneur,
Et que i'enseignois la magie
Dedans les Cabarets d'honneur.

Qu'on auoit bandé les ressors
De la noire & forte Machine,
Dont le souple & le vaste corps
Estand ses bras iusqu'à la Chine :
Qu'en France & parmy l'estranger
Ils auoient dequoy se vanger,
Et dequoy forger vne foudre,
Dont le coup me seroit fatal.
En deust il couster plus de poudre
Qu'ils n'en perdirent a Vvital.

Que le Gaillard Pere Guerin,
Qui tous les iours fait dans la chese
Plus de leçons à Tabarin
Qu'à tous les clercs d'vn Diocese,
Ce vieux bastelleur desguisé,
Comme s'il eust bien disposé
Et Terre, & Ciel à ma ruine
Preschoit qu'à peu de iours de là
La Iustice humaine & Diuine
M'immoleroit à Loyola.

Que par le sentiment Chrestien
D'vne charité volontaire,
Infinité de gens de bien,
Auoient entrepris mon affaire,
Qu'on estoit si fort irrité
Qu'en despit de la verité,
Que Iesus Christ a tant aymée,
Pour les interests du Clergé,
On me vouloit veoir en fumee

C'est la maison du Roy d'Angleterre.

Soudain que ie ferois Iugé.

On employe de par le Rey,
De la force & de l'artifice:
Comme si Lucifer pour moy,
Euſt entrepris ſur la iuſtice,
A Paris ſoudain que i'y fus
I'entendois par des bruits confus
Que tout eſtoit preſt pour me cuire,
Et ſe doutois auec raiſon,
Si ce peuple m'alloit conduire
A la Creue où dans la Priſon.

Icy donc comme en vn tombeau,
Troublé du peril où ie veue,
Sans compagnie & ſans flambeau,
Touſiours dans le diſcours de Greue
A l'ombre d'vn petit faux iour,
Qui perce vn peu l'obſcure tour,
Où les bourreaux vont à la queſte:
Grand Roy l'honneur de l'Vniuers,
Ie vous preſente la Requeſte
De ce pauure faiſeur de vers.

Ie demande premierement,
Qu'on ſupprime ce grand volume
Qui braue trop inſolemment,
La captiuité de ma plume,
Et que Monſieur le Cardinal,
Apres m'auoir fait tant de mal,
Pour l'amour de Dieu ſe retienne:
Il va contre la charité
Et choque vne Vertu Chreſtienne,
Quand il choque ma liberté.

Qu'on remonſtre aux Religieux,

A qui

A qui mon nom semble vn blasphéme,
Que leur zele est iniurieux,
De vouloir m'oster le Baptesme,
Que les crimes qu'ils ont preschez,
Incogneus aux plus desbauchez,
Sont controuuez pour me destruire,
Et sement vn subtil apas,
Par où l'ame se peut instruire,
Au vice qu'elle ne sçait pas.

Que si ma plume auoit commis,
Tout le mal qu'ils vous font entendre,
La fureur de mes ennemis,
M'auroit desia reduit en cendre,
Que leurs escrits & leurs abois,
Qui desia depuis tant de mois,
Font la guerre à mon innocence,
M'auroient fait faire mon procez,
Si dans ma plus grande licence,
Ie n'auois esuité l'excez.

Que c'est vn procedé nouueau,
Dont Ignace estoit incapable :
De fouïller l'air, la terre & l'eau,
Pour rendre vn innocent coulpable,
Qu'autrefois on a pardonné,
Ce carnaual desordonné,
De quelques vns de nos Poëtes,
Qui se trouuerent conuaincus,
D'auoir sacrifié des bestes,
Deuant l'Idole de Bacchus.

Qu'à mon exemple nos rimeurs,
Ne prendront point ce priuilege,
Et que mes escrits & mes mœurs,

Ont en horreur le sacrilege,
Que mon confesseur soit tesmoin,
Si ie ne rends pas tout le soin,
Qu'vn bon Chrestien doibt à l'Eglise,
Et qu'on ne voit qu'en aucun lieu,
Qu'vn vers de ma façon se lise,
Qui soit au deshonneur de Dieu.

   Que l'honneur, la pitié, le droit :
Sont violez en ma poursuitte,
Et que certain Pere voudroit,
N'auoir point empesché ma fuitte,
Mais la honte d'auoir manqué
Ce qu'il a si fort attaqué,
Demande qu'on m'aneantisse :
De peur que me rendant au Roy,
Les marques de son iniustice,
Ne suruiuent auecques moy.

   Iuste Roy protecteur des Loix,
Vous sur qui l'equité se fonde,
Qui seul emportez sur les Roys,
Ce tiltre le plus beau du monde,
Voyez auec combien de tort,
Vostre Iustice sent l'effort
Du tourment qui me desespere,
En France on n'a iamais souffert,
Ceste procedure estrangere,
Qui vous offense & qui me perd.

   Si i'estois du plus vil mestier,
Qui s'exerce parmy les ruës,
Si i'estois fils de Sauetier,
Ou de vendeuse de Moruës ;
On craindroit qu'vn peuple irrité,

Pour punir la temerité
De celuy qui me persecute
Ne fit auec sedition
Ce que sa fureur execute
Et son aueugle emotion.

  Apres ce iugement mortel
Où l'on a veu ma renommee,
Et mon pourtrait sur leur Autel
N'estre plus qu'vn peu de fumee,
Falloit-il chercher de nouueau,
Les matieres de mon tombeau,
Falloit-il permettre à l'enuie,
D'employer ses iniustes soins
Pour faire icy languir ma vie,
En l'attente des faux tesmoins.

  Mais quelques peuples si loingtains
Dont la nouuelle intelligence,
Puisse accompagner les desseins,
De leur cruelle diligence,
Que des Lutins, des loups-garoux,
Obeyssans à leur courroux,
Viennent icy pour me confondre
Dieu qui leur serrera la voix,
Pour mon salut fera respondre,
La saincte authorité des Loix.

  Qui peut auoir assez de front,
Quels fols ont assez de licence,
Pour ne se taire auec affront,
A l'abord de mon innocence?
Et quoy que la canaille ait dit,
Pour l'argent ou pour le credit,
Dont on leur a ietté l'amorce,

C ij

Dans les monuemens de leurs yeux
On verra qu'ils parlent par force,
Deuant des Iuges & des Dieux.

    O grand Maistre de l'Vniuers,
Puissant autheur de la nature,
Qui voyez dans ces cœurs peruers,
L'appareil de leur imposture,
Et vous Saincte Mere de Dieu,
A qui les noirs creux de ce lieu :
Sont aussi clairs que les estoilles,
Voyez l'horeur où l'on m'a mis ;
Et me desuloppez des toiles,
Dont m'ont enceint mes ennemis.

    Si ce iettez vn peu vos yeux,
Sur le precipice où ie tombe,
Saincte Image du Roy des cieux,
Rompez les maux où ie succombe,
Si vous ne m'arrachez des mains,
De quelques morgueurs inhumains,
A qui mes maux donnent à viure,
L'Hiuer me donnera secours,
En me tuant il me deliure,
De mille trespas tous les iours :

    Qu'il plaise à vostre Maiesté,
De se remettre en la memoire
Que par fois mes vers ont esté
Les Messagers de vostre gloire,
Comme pour accomplir mes vœux,
Encor auiourd'huy ie ne veux,
R'auoir ma liberté premiere,
Que pour la mettre en ce deuoir
Et ne demande la lumiere,

Que pour l'honneur de vous reuoir.

Dans ces lieux voüez au malheur,
Le soleil contre sa nature,
A moins de iour & de chaleur
Que l'on n'en faict à sa peinture
On n'y void le Ciel que bien peu,
On n'y void ny terre ny feu,
On meurt de l'air qu'on y respire,
Tous les obiects y sont glacez
Si bien que c'est icy l'Empire
Où les viuans sont trespassez.

Comme Alcide força la mort
Lors qu'il luy fit lascher Thesee,
Vous ferez auec moins d'effort
Chose plus grande & plus aysee,
Signez mon eslargissement ;
Ainsi de trois doigts seulement
Vous abbatrez vingt & deux portes :
Et romprez les barres de fer
De trois grilles qui sont plus fortes
Que toutes celles de l'Enfer.

THEOPHILVS IN CARCERE.

VEtus est & procera ædificij moles à primis
Parisiensib° (nisi me fefellit æditui fides)
in nascentis vrbis propugnaculum extructa, tam
densa vi murorum & portarum tuta, vt ipsius
(credo) fulminis imperium illæsus carceris adit°
valeat eludere : in ea ego turri totos sex menses

nocte vnica, vt in Leftrigonũ cœlo, mihi videor
exegiffe, adeo hic temporis ſpatia nullo diſcri-
mine diuidũtur, Solis radij perpetua velut ecli-
pſi laborantes. altera tantum hora circa meri-
diem tentant fallere cæcitatem loci, & per re-
motiſſimi foraminis ſinuoſa concaua tenuiſſi-
mos effundũt luminis tractus, quauis lucernula
pallidiores, reliquis horis minutiſſima candela
tãquam fuſcum & fuliginoſum Vulcanum velut
in cornu cõcluſum gerit, & in tantam tenebra-
rum vaſtitatem, tam exiguam ſpargit lucem, vt
vix illius ope diſcuſſa tantiſper caligine, poſſint
oculi in ſalebroſo latibulo greſſum dirigere:
quam libet autem proximè admota flamma
quippiam vel maiuſculis caracteribus excuſſum
lectione conſequi non minimæ ſit operæ, etſi
maximè cõcedatur ampliorem facem in atram
adeo obſcuritatem accendere, non ferat craſſi
aëris periculoſa temperies : totius enim aut cibi
aut olei pinguiores fumos cum anhelitu ducas
neceſſe eſt, & ſiue dormias, ſiue vigiles non
niſi morbidum ſpiritum haurire queas. Iſtic autem quidquid videris horridum, quidquid cal-
caueris ſordidum, quidquid attigeris aſperum,
quidquid comederis fætidum, quidquid biberis
gelidum eſt, & ne qua euadenti ſpe tam ingratæ
vitæ moleſtiæ mihi leniantur, neuè diutiſſimæ
ſeruitutis tædia etiam irritis ad libertatem co-
natibus ſolari poſſim, in iſtius arcis cellula dua-
bus ſupra viginti portis arctata latere iubeor, è
tam ſedula cuſtodia quiuis certè validiſſimus
perperam exitum moliatur, dulce tamen eſt

miferis, quamquam falsò ad meliora niti, ni-
hilo feciùs, quam fi quis in mari medio, mer-
gentibus vndis, incaffum obluctetur grauiùs
pereat, nifi liberis ad natatum membris etiam
diutius mori naufrago concedatur : eft enim ali-
quid liberum de confequenda libertate cogi-
tare, quod hic folatij nemo fanæ mentis fibi
polliceri queat, tam crebris ferrorum feptis
quâtumuis anguftus denfiffimi muri aditus clau-
ditur, fpiffo cardine, grauibus peffulis, innu-
meris clauibus, quos melius cuneos dicas vni-
uerfa compago tutiffimè nectitur, atque in eum
modum ferratæ portæ, nullis licet obferatæ
clauibus, & obicibus nullis oppeffulatæ, folo
pondere vt mole fua euafuros inhibere poffe
videantur, dura ligna, furdos lapides, raucæ
ferra nullis rimulis cuiufpiam aut oculis aut au-
ribus aperta, nulla querela flectas, nulla arte
fallas, nulla, vi frangas, ipfum puto Iouem incaffum per hæc inufa aureos fuos imbres emif-
furum : imminet enim talibus infidijs hic à pro-
xima vicinia nobilifimus totius Galliæ Senatus
rigidus æquitatis vindex. Ampliffimi Senatores,
Sanctiffimi Iudi es, quos in celeberrimo The-
midis Templo columnas diceres, nifi magis
deceret effe Deos, omnibus mortalium technis
ingenia diuina fupra funt, nullis adulatioribus
animo intimæ virtutis capias, nullis muneribus
munificentiffimos homines allicias : funt enim
plerique omnes præclaro genere orti, & quibus
iampridem res familiaris Maioribus fuis ampla
fortunæ fecuros facit, non auctoritate quàm

pietate dignitas maior : Innocentia demum est
quæ illorum libi luffragia vendicar , æqua laude
& obfcuris & nobilibus iura reddunt , nullo de-
lectu in Patriciorum aut plebis mores animad-
uertunt : funt illi rerum Domini de quibus tam
magnificè facra pagina prædicatefse Deos , fi
quidem & lucem & elementa quibuflibet mortalium aut prohibent , aut largiuntur : illorum
ceruicibus n n vt Atlanti cœlum puro aëre &
igneis fuis circulis leuiffimum , fea tota telius
tot faxis horrida , tot fentibus hifpida tot aquis
turgida , tot grauida metallis incumbere verè
dicitur : illorum nutu quælibet munitæ pandun-
tur portç , illorum opè fcio quantumuis alta
maloiú voragine eadem emerfurum (Vtinam
Iudices , qui me tam diris nominibus apud vos
criminatus eſt Garaſius , noſset & tamæ inge-
nium & meum. Illa enim tam ficti quam veri
nuntia , ego verò cætera prauus , illud certè ve-
racem efse me & intemeratæ fidei nemo qui me
nouit diffitetur , non aduertit malè feriatus ho-
mo iſtam maledicendi licentiam , qua me , licet
ignotum , tam petulanter inuadit : non aduertit
inquam malè cautus Calumniator fua iſti ob-
trectandi rabiè ledei equiffimorum iudicum in-
tegritatem , & tanta fallacia fufceptis votis malè
refpondere furentis animum. Mirum nefcire
illum nocendi artem , cui noctes , die'que infu-
det , in meam famam iam à fuis primordiis im-
peritæ turbæ nebulonibus inuifam Garaſsus im-
prudens , integris voluminibus debacchatur ,
cæco certè confilio & ſtilo languido , feruidis
adeo

adeo irarum motibus longe impari liceat & for-
tasse nobis tam inuidiosæ calumniæ debitam
vicem rependere. Et ni reuerentia morum &
Christiana probitas vetet, quantulacumque est
ingenii nostri acies tot aduersis retusa, tot fa-
cta malis, eam in lethiferas illas tot tuorum a-
nimorum minas vbicunque stringere non expa-
uescam : sed Deus meliora ! non licet hîc nobis
clauum clauo pellere, aut conuiciantibus con-
uiciari. Apage, scelus homine Christiano indi-
gnum, imò & dum mea se tutatur innocentia,
ne tuus error cuiuis pateat, nolui vernaculo ser-
mone tuas ineptias prodere ignauæ plebi, cui
tu tantum studes? atque è sociis tuis aliquem
hodie, me actore, tui criminis fieri conscium
erubesco ; sed tua me inpulit insania vt sanè lo-
querer; tua me adigunt mendacia vt vera dicam.
Primum omnium ne in genus meum tibi non
cognitum dum cauillaris inutilem operam lu-
das : scito mihi Auum fuisse Reginæ Nauarræo-
rum à secretis, patrem à teneris annis quibus
decuit sumptibus literis humanioribus incubu-
isse, & cum ad Iurisprudentiam animum appu-
lisset, vna aut altera tantum orata causa, tu-
multu bellico à foro Burdigallensi ad nostrates
secessit, vbi etiam pace redeunte; rustico otio
delinitus in opimi soli fundo innocentissimos
exegit dies, Domus est in ripa Garonæ sita cæ-
teras vicinorum ædiculas satis humili turricula
atauis extructa supereminens. Frater illi primo-
genitus, meus patruus, dum Regi Henrico mi-
litat, præfecturam adeptus est non ignobilis vr-

D

bis inter Aginnattes Turnonum vocant, ibiqi
diem obiit, quantá famá alter ocio & litteris,
hîc labore & armis ad tumulum deuenerint
non maximi negocij eſt percunctari, quam nos
colimus paternam hæreditaté, dimidia demum
leuca diſtat ab vbercula quam Portum vocant
cui cognomen eſt à Diua Maria Virgine. Eam
domum quã tu Caupoham vocas, Aulici plures
atqʒ ij melioris notæ dignati ſunt inuiſere, &
pro tenui noſtro prouentu aliquot dies ſtuga-
liter excepti ſaltem immunes abiere. Sed qui ad
mores publicos, Cujas ego ſim ? Num licet è
quouis loco ad fortunam ſurgere ? Num tibi
mea ſors tantæ apparet inuidiæ , quem hodie
in vinculis , niſi frater foueat & veſtiat frigore
pereundum ſit ? Cui neuè ad ſudariolum cœ-
mendumà tanta fortuna vel leuiſſimus nummus
ſuppetas ? ac ni D. D. Moræʒus Regius procu-
rator ſuam Curam tam ſæuentibus miſeriis
interponat, fames hîc quam tu fruſtra pernicem
moliris iam præuertiſſet , ſed quæ tanti Senatus
eſt pietas licet humaniter inhumanitauis tuæ
euentus expectare, & quam omnes merito iure
iudicum meorum pietatem & fidem prædicant
eludere tandem tam vehementis odij perfidos
tuos conatus concedetur. Num te quæſo tot
ac tam pij tui conuentus viri iſtis ſinultatibus
erudierunt ? Num iſtas in meum Caput ſico-
phantias ſtruis Authore R. P. Seguirãdo quem
mihi ingenii mei & meorum morum notitia
ſemper fecit amiciſſimum ? ſcilicet neque ille
tibi videtur ſatis ſapiens vir bone, quem dum

sua te in meos mores vefania, fufque decufque
raptatum occecat, falfo quodam fi bene memi-
ni Phocionis nomine Imperitiæ & improbitatis
criminaris, rem aufus fupra Clementiam om-
nem infolentem, tum audes peffimis agitatus
furiis tanti Regis penetrare limina, & virum
tanta pietate confpicuum, in cuius finum Regius auimus fingulis fe menfibus effundit con-
tumeliis tuis fædare & Regiæ confcientiæ veluti
fcrinium fcelerata lingua expilare. Quid tibi
Epifcopus Nanneti arridet? Parum ille fortaf-
fis tua fententia Genium meum agnouit, minus
fcilicet tuo iùdicio cernit in mores hominum:
at non ica probi quemadmodum tu deque illo,
deque me fentiunt qualecunque poterit vir tan-
tus de fide & probitate mea teftimonium per
inoffenfæ cufcientiæ iura prohibere non cunċta-
bitur, fed receptam adeò verâdiffimi Epifcopi
fidē & eruditionem indoċtiffimo Nebuloni fuf-
peċtam fore non ambigo: qua techna refelles
Epifcopum Bellæum fi quo auxilio innocentiæ
noftrę patrocinari velit, non exprobraturus es,
quod interdum verficulos meos facris fuis Con-
cionibus immifcuerit? & decerptos opufculis
noftris flofculos fermone & ftilo publico in
Chriftianum orbem fparferit? Quid olim cul-
paturus eras Coeffetellum Maxillenfem Epifcopum mihi aliqua coniunċtione morum, &
nonnullo humanarum literarum commercio
familiarem? Ille me paulo anrequam exccderet
è viuis in fuam viciniam vocauerat, vt haberet
in procinċtu ftudiofum aliquem cuius in conui-

& u fuauiter inter laboris & morbi tædia piur
animus relaxaretur. Si quid etiam R. P. Aubi-
gni tuæ focietatis (fed quid dixi tuæ ? imo Iefu
& fui fociorum) non vltimus honos, fi quid ille
fauentius de me referat non erit etiam tuis odijs
inuifus ? Quid præteream R. P. Athanafium
(Eccefiæ Chriftianæ vtiliffimum certè decus)
quem inter molliores delicias educatum (vt fo-
lent Nobiliffimi fui generis adolefcentes) feue-
ra pietas à tam culto antiquæ & prædiuitis domus mundo, auulfum in humilimas Francifca-
norum cellulas deturbauit , cilicij afperitate
incultum , nuditate pedum horridum , & ieiu-
nii pertinacia macilentum, ille vt vir probus,
ita & eruditus (nam nemo eruditus nifi probus,
ó improbè) tanti ingenii vis ftupēda , & pietatis
feruor incomparabilis plures hæreticos folâ diuini fui laboris impensâ, quam vniuerfæ inui-
ctiffimi Regis acies tot hòminum & nummo-
rum fumptibus expugnauit. Ille ne quid erres
mihi in hærefeos tenebrofo cæno coliganti pri-
mos Ecclefiæ Catholicæ fpiritus afflauit, ac fe-
mel in horto Regio fecum fpatiantem nihilque
ferius quamide tam profpera mei mutatione co-
gitantem adortus eft, eo fermone qui & admi-
rationem fui quam plurimam , Catholicæ fidei
incredibilem amorem intimis præcordiis effu-
dit. Quidquid ille de me cogitet, quicquid de
mea forte conftituat ratum efto, ó Garaſsè,
num refragaris? Quid fi inter aduerfaria mea
crebris epiftolis atque omnino fcriptis meis
Chriftiani notam reperias ? quid in penitiori-

bus meis secretis sine vllo meo consilio retectis
aliquamnè simulationis speciem commenturus
es? Num si tibi è sarcinis meis (iam mecum
auctoritate iudicum solui expectantibus) depro-
matur Chartula quędam cui medici & presby-
teri testantis sigillum veritatis fidem facit, ea ego
vltima prope periculo si morbi iniuria conster-
natus Ichtchiophagiæ satietatem ægerrimo sto-
macho depellerent flagitaui. alioqui paratus in
eo mortis & futuræ vitæ confinio potius toxi-
cum sorbere quam ouum : an etiam hæc à me
ficta causaberis? O prodigium! tu me in tam
aperta religionis professione, tot piorum viro-
rum amplexibus Romanæ Ecclesiæ hærentem
Christianũ esse non sinis? Ceterisque omnibus
palam spernendæ fidei me impulsorem esse pre-
dicas Sicophanta! iuidiosæ tuæ criminationis
probè conscii.

quibus iudicijs quo teste probasti?

Nil horum, verbosa & grandis epistola venit.
Nec diutius spero latere potest iudices quam
prauis artibus in paulo securius otium meum sis
graffatus : tu quam profundas radices egerit innocentia mea exploraturus intima Caupona-
rum & lupanarium (Deus faxit ne peiori animo) perlustrati, inspecturus si qua ibi meæ vitæ labes Theophilo vel leue periculum faceret:
at vbi non cessit ea perlustratio in quæuis opus-
cula mea, in quibus multa non mea passim in-
certa sunt & librariorum errore & fraude tua,
ibi tu & oculorum & ingenij quantulum tibi
est intendis curiosam aciem, atque vbi torquere

senſum modo & verborum ſeriem inuertere
non ſufficit ad calumniam integras meas lineas
pungis, tuas reponis, vnde tua crimina meo nomine in lucem eant! ſiccine iuuat illudere ca-
pto? Poterisne ire inficias te in Elegia in Thir-
ſidem, quam etiam ignarus nobis impingis in to
verſu qui ſic habet,

Et que ſa SainƐteté ne punit pas à Rome,
pro dictione, *punit*, à me ſcriptum prodidiſſe,
permet, vt fias turpiſſimum ſcelus quod puriſſi-
mis Muſis improperes? Domine Noſter Ieſu
Chriſte, ille ne eſt in ſocietate Ieſu calumniator
impudens? Cauiſti ſcilicet & qui ſequantur &
qui præcedāt verſus adducere ex iis nempe col-
ligitur quantum illius poëtæ mens, quicunque
tandem ille poëta ſit, tuis ſicophantiis parum
congruat, & quam ridicule tuis tutè tricis in-
uolutum exponas bonorum ludibrio. Cæterum
in confuſo multis titulis quodam volumine
quod in genere Parnaſſum Satyricum vocant,
effinxiſti improbiſſimos aliquot verſus qui meū
nomen præ ſe ferrent, atque ita quotquot mortalium aut legere aut audire poſſunt infenſos
mihi feciſti: ſi quis in aliquo Couuentu Theophilum nominat, venit illico in ſuſpicionem
Magi: nec defuere mulierculæ quæ mei nomi-
nis literas ad philtra valerè crediderint. Si quis
autem plebeios illos falſo mei rumore faſcina-
tos propius vrgeat num aut vultum aut mores,
aut inſtitutum vitæ aut patriam meam norint,
negant ſe ſcire, ſed ita Concionari Garaſſum,
ita ſcribere, cæteros, quamplures etiam ſui Cæ-

nobis viros probos de me secus sentire. Tu qui
me non nosti, pessime, quicunque 'me norunt
optimè de me predicare solent Rem nouam, ô
Garasse, filius Cauponis in celeberrima Gallia-
rum Regis aula annos vltra tredecim enutritus,
tot nobilium familiaritate notus, atque aliquo
etiam ingenii lumine exteris nonnullus & visus
& optatus tam pestilentum vbique afflarit vitiorum virus, vt vniuersum Christianum orbem sceleribus suis (si qua tibi fides est) conta-
minarit, neque de illius moribus aut aliquo de-
licto apud vilos iudices ante tuam vel minima
querela peruenerit, atque à remotissimis Regni
finibus vltimo diuini & humani iuris officio sol-
licitati testes aut voce, aut silentio fatentur In-
nocentem; Neque tu tibi mediocriter indigna-
ris quod è tam multis tui instat mihi oblatranti-
bus,nemo sit cuius testimonio damnari queam,
scilicet qui tam in turba clamant nihil habent
in foro quod dicant. O insana turba, ignauum
vulg⁹,vagi fluct⁹,cæci turbines,ô vapa, ô spuma
rerû, virtutis inimica impotens, ô rerum spuma
vitiorum arca, ô clamosa turba, inuidiæ tutissi-
mum Præsidium, fidissimum calumniæ subsi-
dium, ô fæda turba Garassi præcipuum decus,
ignara nugarum vindex. Cæca tùrba cui nullum
nomen nisi,

Fama malum quo non aliud, &c.
&   *Tam ficti prauique, &c.*

Et hoc est demum quod tu rectè, quia incon-
sultò locutus es, in turba Clamor, in foro silen-
tium. Quid ni? Tu ne apud sacras & inconcus-

sas iudicum mentes idem atque in tumultuosæ
& profanæ turbæ cæcis animis fieri posse credi-
disti? falleris vehementer, Doctor Turbarum,
pace si sapis tanto tuo dedecore me vlterius in-
sectari, sine cuius liberum sit de me promere
quod compertum habet, tuas nugas si ouis protinus: iureiurando ratas non fecerit minitari in-
ferorum pœnam? patere si quid plectendus sum
magistratuum disceptationibus excutiatur, si
venia donandus, noli tuis istis turbis offundere
nebulas candori legum. At non ita Diuus Ma-
carius qui cum hominem falso mortis crimine
damnatum supplicio eripæ suæ pietatis esse du-
xisset, iudicibus ad perempti tumulum conuo-
catis in nomine Iesu iussit excitari mortuum,
quem vt prima voce compellauit, illico dehis-
cente tellure reseratum est sepulchrum & ob-
stupentibus qui aderant viuus adstitit qui olim
decesserat, Rogante Diuo: num is esset patra-
tæ cædis reus quem proximum manebat suppli-
cium, clara voce infontem eum esse pronun-
ciauit, ac protinus iussus recumbere, feretro
suo sese recondens obmutuit, instante iudice,
vt de sonte à mortuo percunctaretur, negauit
Diuus, & sat est inquit mihi seruasse innocen-
tem. Idem & Diuus Franciscus qui à Padua
cognominatur pro libertate parentis sui in simi-
le discrimen vocati præstit isse fertur, ea in vitis
sanctorum prodita nemo nescit. Quam fuit illorum tuæ pietati absimilis, ô Garasse? quá illi
cura etiam improbos in futuræ pœnitétiæ spem
seruari voluerút, ea tu & vegetiori in bonorum
perniciem

perniciem incumbis, illi paganorum impoten-
tem superbiam humilitate Christiana frangere
funt è nisi : tu in mediis Christianæ fidei tri-
umphis iactas te Paganorum sæuitia, & in so-
cietate Iesu calumniantis, id est Diaboli vicem
agis. Sed quid ego misera inuidiæ tuæ victima,
vanis per istas tenebras planctibus indulgeo ?
Quia persecutus est inimicus animam meam,
humiliauit in terra vitam meam : collocauit me
in obscuris sicut mortuos seculi, & anxiatus est
super me spiritus meus in me turbatum est cor
meum. Tu vindictæ meæ longè securus experiri
pergis quorsum in miseros extrema petulantia
valere possit, ô Garasse, vlterius ne tende odiis
nam vti spero tandem. (Educet Dominus de
tribulatione animam meam, & in misericor-
dia sua disperdet omnes inimicos meos, & per-
det omnes qui tribulant animam meam quo-
niam ego seruus suus sum.) Te si tandem mihi
nocuisse pœniteat, me tibi protinus ignouisse
non pœnitebit, Vale & si quando videbis sos-
pitem Theophilum ne pigeat amplexari.

APOLOGIE DE
THEOPHILE.

PVis que la peruersité de mes amis aussi bien
que celle de mes ennemis :ne reduit à ce
poinct, que ie ne puis esperer la fin de ma per-
secution que de son succez, & qu'il semble que
mon procez ne se puisse commencer qu'apres

E

que le Pere Garaſſus aura acheué ſes liures ; ie
le voy en trop belle humeur d'eſcrire pour me
promettre de long temps ma liberté, il trauaille
à peu de frais. Car tout le monde contribuë à
ſon ouurage, & fait bon marché de ce qu'il eſcrit,
pource qu'il le volle, le mal pour luy, c'eſt qu'il
ne deſguiſe pas bien ſa marchandiſe, & que
tout ce qu'il apporte ou des viuans ou des morts
il l'ageance ſi mal & le produit auec tant d'im-
prudence qu'on deſcouure bien aiſement qu'il
ne cognoiſt pas le prix de ce qu'il debite, il nous
allegue mille beaux paſſages de diuers autheurs,
& touche tous les bons endroits des eſcriuains
anciens & modernes, & n'en entend pas vn,
comme le Iacquemar qui ſe tient à tous les
mouuemens de l'horloge, & ne ſçait iamais
quelle heure il eſt. Le Pere ne laiſſe pas de ſe
tenir aſſidu à ſon trauail, & ie trouue qu'il fait
bien de ne point eſpargner vne ſi mauuaiſe
plume que la ſienne, ie ne ſçay ſi c'eſt d'enuie
ou de charité qu'il me fait l'objeċt de ſon exer-
cice de meſdiſance : car ie croy qu'il eſt aſſez
orgueilleux pour s'imaginer que ie dois tirer vanité de ſes iniures, comme il eſt honorable d'e-
ſtre vaincu d'vn braue homme, pource qu'on la
combattu; ſi le progrez de ſes ċalomnies ne s'e-
ſtendoit pas plus auant qu'à la reputation de mes
eſcrits, ie ſerois bien aiſe de rire de ſa mocquerie
auſſi bien que luy : car cela eſt plaiſant de voir vn
fol qui croit eſtre ſage, vn Reuerend dancer les
mataſſins, & vn bouuier faire des liures. La
premiere coniecture d'où i'ay pris garde qu'il a

l'eſprit vn peu comique, c'eſt que dans ceſte *Doctrine curieuſe des beaux eſprits de ce temps*, il donne à ſon liure le titre des affiches de l'hoſtel de Bourgongne, où l'on inuite les gens à ces diuertiſſemens par la curioſité ; Ie m'eſgayerois des quolibets qu'il a contre moy, & les prendrois comme d'vne farce : mais la captiuité & le danger où ſes impoſtures me tiennent me font paſſer l'enuie de me ioüer : il eſt vray que ie ſuis honteux du trauail que me donne vne ſi chetiue beſongne, & à moins que d'eſtre dans le cachot, i'y plaindrois les heures & le papier : car il en faut autant qu'à quelque choſe de bon, comme autant de coups de marteaux à battre vn double qu'vne piſtole. Pour auoir le plaiſir de s'exercer à me nuire, il me fait vn pays, vn pere, & vn meſtier à ſa poſte, il ſe forge des monſtres pour les vaincre, il ne fait que ſe battre contre des ombres, & controuue tous les iours des crimes à ſa fantaiſie pour en accuſer des vers, où ie n'ay iamais ſongé, i'attends qu'vn iour il m'impute d'auoir commenté ſur l'Alcoran, & quoy que tous les phantoſmes de ſes accuſations ne ſoient que des marottes, dont il ſe coiffe luy-meſme à ſon plaiſir, il ne laiſſe pas d'y paſſer ſon temps doucement, & de trouuer parmy quelques-vns vne ſorte d'approbation qui le tient enchanté dans ſa freneſie. Les feſtins des iſles fortunees ne ſont pas plus ridicules que les delices qu'il trouue à me calomnier en quelques endroits : mais comme il eſt obſcur &

malin, il ne m'attaque point fans jetter premierement des nuages au deuant de la plus elaire
verité, de mefmes que les forciers qui font
ordinairement leuer les bruines aux plus claires
matinees, il defguife fi fort mes intentions que
fouuent les apparences flattent fon deffein, il re-
prefente tout à faux, mais auec des feintes grof-
fieres, où l'efclat de fes plus viues raifons n'eft
au fonds que la lueur de ce petit animal qui de
loin femble vne eftoille, & de prés n'eft qu'vn
vermiffeau. A me voir dans fes liures ie fuis
plus monftrueux qu'vne Chimere, ce font les
miroüers doubles, où le vifage le plus parfait
du monde ne trouue en la place de fon obiect
que des beftes fauuages en autant de formes
qu'il plaift aux charlatans, mais rompez la
glace, vous desfaites plus demonftres d'vn coup
de poing qu'Hercule n'en a iamais tué de fa
maffuë : fi nous ouurons le pacquet du Pere,
nous trouuerons qu'il n'a pas grand fecret,
auffi fe deffie il aucune fois de n'eftre pas fin,
& fe met aux groffes iniures, il m'appelle efprit defnaturé, ce coup-là, l'iniure ne vient pas à
fon fens, car on appelle defnaturé celuy qui
ayme la cruauté, comme ceux qui prefchent
toufiours le feu & le fang : ceux qui haïffent
leurs plus proches, qui font ingrats à leurs
amis, farouches, infociables, qui rechignent aux
plus legitimes faueurs dont la nature nous peut
obliger, & viuent contre les regles de leur
profeffion, vn Courtifan inciuil, vn pauure
orgueilleux, vn Poëte auare, vn Docteur

eſpion, vn Religieux calomniateur, le rebours de toutes ces choſes, c'eſt proprement mon naturel : mais voyons ſi voſtre humeur ne ſe peut pas mieux aſſortir à ceſte epithete. Vous faites veu d'obedience, & par l'aueugle orgueil d'vne ſuffiſance inſupportable, vous voulez aſſujettir les plus grands eſprits de la terre, & faire ployer les plus fermes conſciences ſous l'authorité de vos impoſtures. Il me ſemble que c'eſt contre la nature d'obedience, pour le vœu de pauureté vous vous en acquitrez tres mal : car voſtre robbe, voſtre logis, & voſtre reuenu pourroit bien mettre vn homme vn peu voluptueux, à couuert de la neceſſité, & quand aux derniers pour vous eſtre voüé à la chaſteté, & pour auoir ce titre ſacré de Ieſuite, vous allez ſans doute contre la nature de voſtre profeſſion, dans le ſoin que vous auez de controuuer les vers de Sodomie, & enſeigner publiquement vn ſi enorme vice, ſous couleur de le reprendre, en ſuitte le Pere Reuerend dit que ie ne ſay bien qu'aux choſes mauuaiſes, & nettement qu'aux vilaines dans la penſee qu'il auoit lors ſur mon eſprit, ſi le Pere n'euſt eſté d'vn naturel chagrin, ou s'il euſt eu la meſme opinion pour quelqu'vn de ſes fauoris, voicy comment il euſt parlé, que ceſt eſprit là trouue quelque choſe de bon, meſme dans les meſchācetez, & a quelque pureté dans ſon ſtyle, qui cache les ordures des ſales imaginations : mais il ne m'a pas trouué digne de ceſt ornement, quand

on void qu'vn homme de qualité grand & bien
formé, on dit qu'il eft de belle taille, fi c'eft vn
vallet, on dit voila vn puiffant coquin, fi peu
de faueur que ie merite de fa plume il ne me la
donne qu'en me frappant, mais ie le remercie
de fa carreffe, ie n'ay iamais rien fait n'y bien
ny mal, foit en vilainie, foit en mefchanceté, &
voicy pour luy rendre fon compliment, comme il dit que ie fay bien en mefchanceté, &
nettement en vilainies, & que le Pere Reuerend affecte de ne me point reffembler; ie con-
feffe qu'il fait mal aux chofes bonnes, & falle-
ment aux chofes nettes, pour les penfees &
les paroles où ie fay, dit il, horriblement : car
pourueu qu'il trouue vne cadence pour vn de
ces aduerbes horriblement, abominablement,
execrablement il fe defcharge la bile, & s'efpa-
noüit la ratte, & penfe auoir mieux perfuadé
que par vne demonftration, il croit que la foy
d'vn Chreftien eft en quelque façon obligee à
fes authoritez Quant aux penfees, dit il, & aux
paroles, c'eft horriblement, ie luy refponds
qu'il me les a fuppofees, & qu'il a trop de paffion pour eftre croyable, mefmement en vne
caufe qu'il a faite fienne, quant aux conceptions,
ce n'eft pas à luy à les penetrer, Dieu feul voit
les mouuemens de noftre ame. Ie croy charitablement que le Pere a de bonnes penfees,
mais il a ce mal heur de ne s'exprimer qu'en
impertinence, pour mon ftyle n'en defplaife à fa
reuerence, ie ne le voudrois pas changer au fien,
il appelle des jeunes gens fraifchement fortis de

son Eschole, jeunes tendrons, germes & bour-
rées, & pare son style pour les garçons d'vne
gentillesse plus que monachale , si les hommes
de bon sens prenoient la peine d'examiner ce
qu'il escrit, on logeroit bien tost le pere aux
petites maisons. l'admire comme il peut ad-
uanturer ses impertinences auec tant de seureté,
en voicy vne bien visible , & presque mesco-
gnoissable en homme de sa robbe ; i'ay escrit
qu'il faut auoir de la passion, pour toutes les
belles choses, pour les beaux habits , pour les
beaux cheuaux, pour la chasse, pour les hommes de vertu , pour les belles femmes, pour des
belles fleurs, pour des fontaines claires, pour
la musique, & pour autre chose qui touchent
particulierement nos sens. Il dit que c'est vne
proposition brutale & contraire à l'Euangile:
car nostre Seigneur dit , qu'il ne faut pas regarder vne femme pour conuoiter sa beauté, Theophile de Viau . dit il , passe bien au delà du desir:
car il va iusqu'à la passion. Le Pere qui n'entend
pas le François, ne sçait pas qu'auoir de la passion ! pour quelque chose, se prend ordinairement pour le simple mouuement d'vne legere
affection qui nous fait plaire à quelque obiect
agreable hors de toute apparence de conuoiti-
se, comme on dit, i'ayme ceste couleur auec
passion , ou ceste senteur ; Le Pere n'a pas bien
consideré aussi que i'ay dit ce mot de passion
generalement pour toutes les belles choses, &
que si on le prend aussi inconsiderement que
luy , on entendra qu'auoir de la passion pour

vne fontaine claire, c'eſt pour paillarder auec
elle, qu'aymer la chaſſe, c'eſt la conuoiter laſ-
ciuement, Vn homme qui a de la paſſion pour
des beaux habits eſt vn amoureux lubrique des
eſtoffes , & que ſe couurir du manteau d'vn
autre c'eſt commettre adultere , ſi le Pere
veut garder la ſignification du Latin au François qui en deriue : il dira qu'vne femme propre eſt la quatrieſme des cinq voix de Por-
phire , & en ſuitte de cela vne longue trai-
nee d'abſurditez qui ſe trouuent enchaiſnees
dans les conſequences de ce Docteur. Voicy
encor vn flot d'iniures , où il eſcume auec plus
de fureur , il m'appelle Atheiſte , corrupteur
de ieuneſſe, & addonné à tous les vices imaginables. Pour Atheiſte , ie luy reſponds
que ie n'ay pas publié comme luy *& Lucilio
Vanino* , les maximes des impies qui ont eſté
autant de leçons à l'Atheiſme: car ils les ont
refutees auſſi bien l'vn que l'autre, & laiſſent
au bout de leur diſcours vn eſprit foible, fort
mal edifié de ſa religion , que ſans faire le
ſçauant en Theologie. Ie me contente auec
l'Apoſtre de ne ſçauoir que Ieſus Chriſt &
iceluy crucifié , & où mon ſens ſe trouue
court à ce myſtere , i'ay recours à l'authorité de l'Egliſe , & croy abſolument tout ce
qu'elle croit. Que pour l'interieur de mon
ame , ie me tiens ſi content des graces de
Dieu que mon eſprit ſe teſmoigne par tout incapable de meſcognoiſtre ſon Createur, ie l'a-
dore , & ie l'ayme de toutes les forces de mon
entendement,

entendement, & me reſſens viuement des obli-
gations que ie luy ay , que pour ce qui paroiſt au
dehors en la reigle de mes mœurs, ie fay profeſſion particuliere & publique de Chreſtien
Catholique Romain, ie vay à la Meſſe, ie Com-
munie, ie me confeſſe ; Le Pere Seguiran, le
Pere Athanaſe, & le Pere Aubigny en feront
foy, ie ieuſne aux iours maigres , & le dernier
Careſme preſſé d'vne maladie où les Medecins
m'alloient abandonner pour l'opiniaſtreté que
i'auois à ne point manger de viandes, ie fus contrainct de recourir à la diſpenſe de peur d'eſtre
coulpable de ma mort , Meſſieurs de Rogue-
neau Curé de ma Parroiſſe & de Lorme Mede-
cin qui ont ſigné l'atteſtation, ſont teſmoins ir-
reprochables de ceſte verité, ie n'allegue point
cecy par vne vanité d'hypocrite: mais par la neceſſité d'vn pauure accuſé qui ne publie ſa deuo-
tion, que pour declarer ſon innocence, quant à
ceſte licence de ma vie que vous penſez rendre
coulpable de la corruption de la jeuneſſe, ie vous
iure que depuis que ie ſuis à la Cour, & que i'ay
veſcu à Paris, ie n'ay point cogneu de jeunes gés
qui ne fuſſent plus corrompus que moy, & qu'a-
yant deſcouuert leur vice, ils n'ont pas eſté
long-temps de ma conuerſation, ie ne ſuis obli-
gé à les inſtruire que par mon exemple : ceux
qui les ont en charge doiuent reſpondre de leurs
deſbauches & non pas moy qui ne ſuis ny gou-
uerneur ny regent de perſonnes; ſi ie voulois re-
chercher la ſourre du deſordre, & de la mauuaiſe
nature de beaucoup d'enfans de bonne maiſon,

F

peut eſtre que ie vous ferois honte, & à quelques
autres que ie ne veux point ſcandaliſer : car ie ne
les ſçay point coulpables de la fureur dont vous
m'auez aſſailly, à Dieu ne plaiſe que ie ſois iamais agreſſeur, ie ferois tort à leur amendemēt,
dont ie croy qu'ils appaiſent auiourd'huy l'ire
de Dieu par la penitence de leurs fautes; Pour la
troiſieſme iniure où vous dites que ie ſuis addonné à tous vices imaginables, ie ne ſuis pas ſi
orgueilleux de me croire incapable de vice, il eſt
vray que i'ay des vices & beaucoup : mais ils ſont
comme vous auez eſcrit imaginables & pardon-
nables. Vous en auez, Pere Reuerend de bien
pires, les voſtres ne ſont pas imaginables : car qui
pourroit imaginer qu'vn Religieux fut calomniateur, & qu'vn homme de la compagnie de
I E S V S exerçaſt le meſtier du Diable, qui pourroit imaginer qu'vn Docteur comme vous eſtes
de reputation & d'authorité receuë, euſt des
gens à gage dans les cabarets, dans les bordels,
& dans tous les lieux de deſbauche les plus cele-
bres, pour ſçauoir en combien d'excez & de po-
ſtures on y offenſe Dieu, ſi vous dictes que c'eſt
pour cognoiſtre ceux qui y font de la deſbauche, on vous reprochera que vous n'auez repris
que ceux qui n'en ont point eſté : car il y a beaucoup d'apparence en l'affection que vous auez
teſmoigné à me corriger, ſi vous euſſiez deſcouuert quelque teſmoignage de mon peché, vous
ne l'euſſiez point oublié dans vos liures, où vous
en alleguez tant de faux, faute d'en trouuer vn
veritable : vous euſſiez eſté bien aiſe d'eſpargner

la peine de les controuuer : car voſtre eſprit de
ſoy n'eſt pas trop inuentif, qui me fait croire
que vous ne m'auez imputé que ceux que la pra-
ticque vous a appris, cela encor vous euſt te-
nu la conſcience en haleine pour d'autres crimes : car ie croy que le remors de l'iniure que
vous me faites vous diuertit d'vne autre meſ-
chanceté, tandis que vous eſtes à me nuire, vous
ne faites que cela. Voyons Pere Reuerend ſi en
vn autre endroit voſtre calomnie a mieux reuſſi,
vous me reprenez de n'aymer que la bonne
chere où ie ne ſuis point contrainct, & pouſſez
tout à contre ſens le prouerbe de la brebis, qui
en beellant pert vn brin d'herbe, l'allegation
eſt vn peu populaire, & de la conception d'vn
neceſſiteux : ceſte contrainte dont ie parle
vous la prenez pour eſtre preſſé de ſortir trop
toſt de table, & que ie me faſche comme vn
affamé, de n'auoir pas aſſez de loiſir de me ſaou-
ler, vous allez tout au rebours de mon ſens & de
ma condition : ie ne me ſuis gueres iamais trouué, où ie n'euſſe aſſez de liberté pour les heures
de mon repas, i'ay eſté touſiours nourry loin de
ceſte pauureté honteuſe, qui laiſſe au ſortir de
la table quelque regret d'auoir quitté la vian-
de, i'entens par la contrainte des feſtins, ceſte
deſbauche opiniaſtre qui eſt ordinaire dans le
Pays-bas, où l'on eſt forcé de manger & de
boire plus qu'on ne peut digerer, ie veux dans
ma refection me garder ma liberté de reſeruer
ma bouche à l'appetit ordinaire que la nature
ordonne pour la neceſſité de viure, & ſans

44

qu'il me faille declarer icy plus ouuertement
tout ce que i'escris deuant ou apres la ligne, où
vous me reprenez, tesmoigne que dans mes
plus grandes licences i'ayme à me tenir dans
vne sobrieté modeste, & que vous estes vn im-
posteur. Vous auez maintenant vn aduantage,
c'est qu'on imprime tous vos liures, & on ne
laisse voir rien des miens que ce qu'il vous
plaist d'alleguer contre moy, où vous faites
comme les couppeurs de bourses qui crient
les premiers au larron, & parcourant d'vn
œil d'enuie les premices de ma plume, ressem-
blez aux mouches qui descouure plustost vne
petite galle sur vne belle main que le plus bel
endroit de tout vn corps. Mais en quelque façon que vous quintessentiez mes escrits, vous
n'en tirerez iamais le venin que vous y recher-
chez, Dieu vüeille que celuy qui a plus de pouuoir sur ma vie que vous, trauaille aussi inutilement en la recherche qu'il fait de mes crimes,
& que la peine volontaire qu'il prend à incom-
moder autruy, rende l'extraict qu'il fait de
mes œuures aussi ridicule aux yeux des Iuges,
comme mon innocence se promet de le rendre
foible à la faueur de ce peu de memoire qu'il a
pleu à Dieu me despartir, laquelle comme i'e-
spere, garde encor assez heureusement la meilleure partie des conceptions, & des termes que
ie puis auoir mis au iour depuis six ans ou plus.
En vn autre lieu ie remarque vne hardiesse
estrange, où l'estourdissement rend vostre
hayne trop claire, dans certaine Elegie

Tyrfis, incertain que vous estes de l'Autheur,
vous l'iniuriez sous mon nom : car quelque mal
que vous fassiez vous seriez marry qu'il ne fust
pour moy, voicy les vers.

Des plaisirs innocens où mes esprits enclins
Ne laissent point de place à des desirs malins.
Ce diuertissement qu'on doit permettre à l'homme,
Et que sa Sainëteté ne punit pas à Rome:
Car la necessité que la Police fait
En souffrant ce peché ne fait pas peu de fruit.

Apres auoir sappe de tous costez le sens de tous
ces termes pour les tordre à la confusion de ce
pauure rimeur, vous n'en pouuez tirer qu'vn
simple adueu de ceste infirmité naturelle, où
l'esprit succombe aux appetits de la chair, & ce
peché s'appelle fornication. Il est vray que ce
discours est de mauuais exemple, & que le rimeur moins indiscret que vous, n'a pas vou-
lu publier, & comme ceste licence Poëtique ne
donne pas par vne censure legitime assez de pri-
se à vostre calomnie, qui en veut tirer vne leçon
publique de Sodomie, voicy par où vous allez à
vostre dessein, vous n'alleguez que ces vers,

Et que sa Sainëteté ne punit pas à Rome,

Là par vne subtilité de formation des mots, dont
les Grecs ne se sont iamais aduisez, vous chan-
gez punit en permet, & par vne surprise qui
vous embarrasse dans le sens contre vostre dessein, vous dites que le vice que sa Sainëteté ne
permet pas, se doit entendre la Sodomie, comme si sa Sainëteté permettoit tous les autres,
ô prophane, allez-vous porter vos ordures

iufques au fainct Siege, Dieu me garde de
croire que fa Saincteté permette aucune forte,
de vice, ie croy qu'il eſt le Lieutenãt de Dieu en
terre pour les abollir, & tous ceux qui en font
profeſſion, aduoüez Docteur, que ceſte fauf-
ſeté fignalee eſt de l'eſtourdiſſement d'vn eſprit
à qui la melancholie empeſche l'vſage de la
raiſon, que quand bien quelque falle concep-
ption ſeroit paſſee par l'eſprit de ce Poëte,
quand meſme il l'euſt eſcrite, le Ieſuite Vaſquez
nous enſeigne que les plus religieux peuuent
auoir des penſees abominables qui ne ſont pas
fautes, d'autant que nous n'y perſiſtons pas.
Tu vero lector quifquis es falleris qui de fimplicibus
verbis mores noſtros ſpectas feros quidem iſta obſi-
dent bonos præterlabuntur. Les paroles ſont paroles qui chez les Caſuites ne ſont pas plus, en
cas d'offence, que les ſimples penſees; parler de
la douceur de la vengeance, n'eſt pas aſſaſſiner
ſon ennemy, faire des vers de Sodomie ne rend
pas vn homme coulpable du faict, Poëte & per-
deraſtre ſont deux qualitez differentes. Vous at-
taquez encor en vn autre lieu ſous mon nom,
le ſage Salomon & l'Apoſtre S. Paul, de qui i'ay
appris que le temperemient du corps, &
ſimplement le corps meſme eſt ſouuent le
maiſtre des mouuemens de l'ame par l'empire que le peché luy donne. Le corps mortel,
diſent-ils, aſſomme l'ame, & la traine dans ſes
deſirs charnels, & ie fay le mal, dit S. Paul, que ie
ne veux pas faire, & ne fay pas le bien que ie
veux faire, mais il faut eſtre plus ſage que Salo-

mon, & plus retenu que l'Apostre sainct Paul,
pour estre à couuert de vos mesdisances, & voicy comment le sens dont i'ay escrit, trouue de
là seureté pour mon innocence. En suitte de
cette force que le temperamment du corps a sur
les mouuemens de l'ame, ie dis quand il pleut ie
suis assoupy, & presque chagrin, ie ne dis pas
que quand il pleut ie me trouue disposé à paillarder, iurer ou desrober : car par ceste ame qui
ie laisse contraindre à la disposition du corps,
& qui tient du changement du temps, ie n'entends point l'ame intellectuelle capable de la
vertu & du vice, du salut & de la damnation:
mais i'entends ceste ame, comme dit S. Augustin, susceptible des especes corporelles, que
les Platoniciens ont nommee *Spiritualis*; Et
quoy Pere Reuerend, vous concluez en me
condamnant, que changer d'humeur quand
il pleut c'est vne impieté, que si par le temperamment du corps le mauuais air donne
quelque maladie, il nous faut faire exorciser,
qu'auoir la fieure, ou la collique par quelque
excez corporel, c'est estre obsedé, ô Pere ignorant, la malice vous auengle. Vous m'imputez encor assez mal à propos vn vers d'vn certain Sonnet, si vous dites qu'il est imprimé en
mon nom ceux qui me cognoissent vous di-
ront que ie n'ay iamais eu assez de vanité n'y de
diligence pour les impressions, à ce qu'on me
doiue imputer tout ce qui est imprimé comme
mien, quelques-vns qui se trompent en l'opinion de mon esprit, sont bien aises de faire im-

primer leurs vers en mon nom, & se seruent de
ma reputation pour essayer la leur, j'ay songé à
ce vers là, depuis l'auoir ouy citer de vostre part,
il semble vn peu confus : mais il n'est pas criminel comme vous le dites. Si vn bon zele religieux esleuoit aussi souuent vostre esprit à la
meditation de vostre propre misere ; comme
l'ennie & l'orgueil le precipitent & l'attachent
à la recerche des deffauts d'autruy : vous sçau-
riez mieux que vous ne faites , ou pour le
moins ne tairiez pas si malicieusement le de-
sordre que la rebellion du premier homme, a
causé à toute sa posterité, sçachez donc Reuerend Pere, que puis que l'homme s'est rebellé contre son Createur : que tout ce qui
auoit esté creé pour son seruice s'est aussi iustement rebellé contre luy ; iusqu'à là, qu'il n'y a
si petit mouscheron qui ne tasche venger de
son aiguillon l'offence faite à son Createur,
& ce ne sont pas seulement les animaux qui
font la guerre à l'homme depuis son peché,
Mais Dieu pour le punir & pour se vanger , l'a
comme abandonné à son propre sens , par la
corruption duquel mille folles passions comme autant de furies l'assaillent interieurement,
l'orgueil, l'ingratitude, la hayne, l'auarice, l'ambition, la concupiscence. Bref, l'homme n'a
point de soy quelque mouuement en son ame,
que par sa propre preuarication il ne le fasse agir
contre soy mesme : Tout cela beau Pere, sont-
ce point des marques de la vengeance Diuine,
Il est vray que ceux qui auancent de toute leur

force

force la regeneration que l'efprit de Sainĉteté a commencé en leur cœur, combattent auec les armes de la foy & de l'efperance, les affeĉtions charnelles du peché. Mais pour ce que l'efprit eft prōpt & la chair fragile, cōbien de fois le plus homme de bien fuccombe-il en ces cōbats, voire qui iamais en ce monde en a efté plainement victorieux, que le fils Eternel de Dieu. Or quand nous pechons, nous ne pouuons auoir recours qu'à fa paffion, & lors que nous venons à mefprifer le fruiĉt qu'elle nous apporte, & que le merite de ion fang precieux eft offenfé par noftre ingratitude. Dieu fe venge fur nous par les peines temporelles & eternelles, mais voftre ame qui eft auffi noire que voftre habit, n'a iamais efté efclairee de fes confiderations, fans doute ce Poëte y eftoit plus auant que vous, car ie veux croire de luy charitablement, que fe fentant brufler d'vn fol amour, & voyant combien il eft miferable d'eftre par fon peché affuietty aux œillades d'vne maiftreffe: pour la facilité de fes conceptions, il en a plutoft efcrit ce vers que confideré la bien fceance de fes termes, fi cefte explication peut eftre receuë de ceux qui ne participent point à voftre rage, voyez M. Garaffe, combien vous eftes violent, & ne defguifez point du pretexte de pieté, tant de trahifons que vous faites au fens commun. Voilà à peu pres ce que i'ay peu apprendre de vos calomnies les plus dangereufes: mais ce n'eft ny l'intereft du public, n'y la defcharge de voftre confcience, n'y voftre zele à mon fa-

lut, qui vous ont fait vomir tant de fiel fur
mon innocence : car qui croira que vous m'ay-
miez mieux que fainct Gelais Euefque d'An-
goulefme, que Philippes Defportes Abbé du
Tiron, que Ronfard, que Rapin, que Remy
Beleau, que Lariofte, que le Tace, que Dante,
que Petrarque, que Bofcan, que le Marin en
fon Adon ; defquels vous n'auez point re-
cerché les licences. Force gens de bien fçau-
ent auecque moy ce qui vous a picqué au jeu.

Manet alia mente repoftum
Detectum crimen & lafa iniuria fama.

Mais laiffons de là, cefte verité n'eft pas encore
bonne à dire, vous eftes en droit de me perfe-
cuter : Moy ie ne puis qu'auoüer qu'outre vos
rufes & dexteritez nompareilles, vous auez la
force de cefte apparence pompeufe qui canoni-
fe toutes vos actions ; Vous vous feruez dex-
trement du Ciel & de la Terre, de la Fortune
& du Deftin, des amis & des ennemis, des
hommes & des Anges, des corps & des ames,
de la prouidence de Dieu, & de la malice du diable, & faites vn cahos de tout l'Vniuers pour
faire efclater vos deffeins ; ainfi quelque mine que ie faffe de me defendre, ie ne laiffe
pas de fonger à mon epitaphe : car ie fçay
bien que fi vous pouuez quelque chofe à ma
perte ie fuis mort, veu mefmes que vos fuppofts ont prefché ma condamnation, *Expedit*
vnum hominem tanta inuidia reum mori pro po-
pulo ne tota gens pereat. Voila comme ceftuy-
cy faifoit couler fes profanations à la faueur

de l'ignorance publique. Et icy ie ne dis point
la dixiefme partie de ce que ie fçay, & ie ne
fçay pas la dixiefme partie de la verité; Veu
encore qu'vn autre crioit en chefe à gorge
defployee. Lifez le Reuerend Pere Garaffus, ie
vous dis que vous le lifiez, & que vous n'y man-
quiez pas, c'eft vn tres-bon liure : Et dés que
ie fus conduit en cefte ville, il orna vn de fes
Sermons de cefte equippee, *maudit fois-tu Thea-
phile,* maudit foit l'efprit qui t'a dicté tes penfees, maudit foit la main qui les a efcrites, malheureux le Libraire qui les a imprimees, malheureux ceux qui les ont leuës, malheureux
ceux qui t'ont iamais cogneu ; & benit foit
Monfieur le premier Prefident, & benit foit
Monfieur le Procureur general, qui ont
purgé Paris de cefte pefte. C'eft toy qui es
caufe que la pefte eft dans Paris : Ie diray apres
le Reuerend Pere Garaffus, que tu és vn be-
liftre, que tu és vn veau, que dis ie vn veau:
d'vn veau la chair en eft bonne boüillie, la chair
en eft bonne roftie, de fa peau on en couure
des liures, mais la tienne mefchant, n'eft bonne qu'à eftre grillee, auffi le feras-tu demain,
tu t'es mocqué des Moynes, & les Moynes fe
mocqueront de toy. O beau torrent d'elo-
quence. O belle faillie de Iean Guetin ? O
paffage de fainct Mathurin ! faut-il donc point
que ie fonge à moy, veu que ie fçay que Garaffus & fes fuppofts paffent pour Prophetes,
veu que ceux qui ne me cognoiffent que par
voftre recit, m'ont defia confifqué à la par-

que, veu que ne me pouuant reſtituer ma
reputation, il vous eſt expedient de me perdre, veu que c'eſt le ſeul moyen de vous pur-
ger de vos impoſtures, veu que ma mort ſemble maintenant plus neceſſaire que le com-
mencement de ma pourſuitte, veu que bien
que ie fuſſe tres-innocent, il faudroit comme vous dittes, me ſacrifier à la haine publique, c'eſt à dire à l'effect de vos predica-
tions, veu que le tonnerre à trop grondé
pour n'amener pas la foudre, veu que tout
le monde ſçait bien cecy, & que perſonne
ne l'oſe dire; ainſi pour voſtre regard tout
mon ſalut eſt de n'en eſperer point. Si vous
y pouuez, il faut que ie periſſe. Mais Pere
charitable, bien que vous ſoyez le premier
mobile de toutes les intelligences funeſtes
qui ſemblent auoir conſpiré ma ruine, vous
ne diſpoſez pas abſolument des influences
de ma vie ou de ma mort, iuſques icy graces à Dieu, *in vanum laborauerunt gentes*, toutes vos accuſations ſont des Chymeres, &
des viandes creuſes pour des eſtomachs ca-
cochimes, il faut à ceſt Auguſte Senat quelque choſe de plus ſolide, ſes arreſts ne ſont
point eſcrits ſur l'onde, ny executez ſur le
vent. Ie me conſole dans les affreuſes tenebres
de ma priſon, me mettant deuãt les yeux plutoſt
le deuoir de mes iuges, que le pouuoir de mes
ennemis : car ie ſçay par vn Echo qui reſonne
par tout que ce grand de Verdun, l'ame de la Iuſtice, & chef de cet Auguſte Senat, l'ornement

de noftre aage, & la merueille de la pofterité,
n'eft pas le nom d'vn homme feulement : mais
celuy de l'equité, de qui i'ayme mieux me
taire que n'en dire pas affez. Ie fçay que Monfieur le Procureur general eft d'vne probité
plus qu'inuiolable, dont l'ame zelee au deuoir
de fa charge, s'anime mefme contre le foup-
çon du vice, tant les effeéts luy font en horreur;
il n'eft pas moins l'azile de l'innocence, que le
fleau du crime : & cefte verité que l'enuie mefme ne fçauroit démentir, fait que ie m'efiouys
d'auoir pour partie celuy que ie voudrois pour
iuge, ie fçay maintenant qu'il eft queftion de ma
vie que ce perfonnage l'examinera par fa paffion propre, qui eft celle de l'equité, & non par
celle qui a coniuré ma perte ; il ayme trop fon
honneur pour donner fes conclufions à l'ani-
mofité d'autruy, ie fçay que la prudence tres-
accorte du Parlement, tire du puits de De-
mocrite les veritez les plus occultes, qu'elle pe-
netre dans les obfcuritez plus tenebreufes, où le
menfonge & l'artifice fe cachent, que c'eft *fum-
mum auxilium omnium gentium*, où l'innocence
eft affeuree contre les efforts de l'enuie, & les
rufes de l'impofture, qu'vn corps fi celebre ne
peut errer quoy qu'il faffe, puis qu'il fait luy
mefme le droit, & n'a pour iurifprudence que
le preiugé de fes Arrefts, & la lumiere de fa rai-
fon. Ce font icy mes confolations, Reuerend
Pere, c'eft où ie fonge plus fouuent qu'à refpon-
dre à tant d'iniures que vous auez defgorgees
fur iceluy que vous ne cogneuftes iamais. Si

nous'efcriuions tous deux en mefme liberté,
peut eftre vous mettrois-je aux termes de vous
deffendre au lieu de m'attaquer. Il faut que ie
fubiffe la neceffité du temps qui vous fauorife.
Ne vous eftonnez pas que dans vn cachot fi fer-
ré i'aye trouué de l'ouuerture à faire paffer cefte
Apologie, ce n'eft pas que ie n'y fois gardé fort
foigneufement, & que deux fois le iour on ne
vienne efpier icy iufqu'à mes regards, pour voir
fi ie ne fay point quelque embufche à ma captiuité : mais Dieu ne veut pas que les hommes
puiffent defcouurir vne voye qu'il me laiffe d'ef-
crire les iuftes fujets de ma plainte; il me fait cefte grace afin que mon malheur ne laiffe pas
pour le moins quelque honte à ma memoire, ou
quelque tache à la vie des miens, & que ie tef-
moigne au public que mon affliction ne me
vient que de voftre crime, & de mon innocence.

REQVESTE
DE THEOPHILE,
A NOSSEIGNEVRS
DE PARLEMENT.

CELVY *qui briseroit les portes*
Dn cachot noir des troupes mortes,
Voyant les maux que i'ay soufferts,
Diroit que ma prison est pire
Icy les ames ont des fers,
Icy le plus constant soußpire,
Dieux souffrez-vous que les Enfers
Soient au milieu de voftre Empire?
Et qu'vne ame innocente, en vn corps languis-
sant
Ne trouue point de crise aux douleurs qu'elle sent.
  L'œil du monde qui par ses flammes,
Nourrit autant de corps & d'ames,
Qu'en peut porter chaque element,
Ne sçauroit viure demie heure,
Où m'a logé le Parlement:
Et faut que ce bel Astre meure,
Lors qu'il arriue seulement,
Au premier pas de ma demeure:
Chers Lieutenans des Dieux qui gouuernez mon
fort,
Croyez vous que ie viue où le Soleil est mort?

Ie sçay bien que mes insolences,
Ont chargé si fort mes balances,
Qu'elles penchent à la rigueur,
Et que ma pauure ame abatuë,
D'vne longue & iuste langueur,
Hors d'apparence s'esuertuë,
De sauuer vn peu de vigueur,
Dans le desespoir qui la tuë:
Mais vous estes des Dieux & n'auez point de
　　mains.

Pour la premiere fauté où tombent les humains,
　　Si mon offense estoit vn crime,
La calamité qui m'opprime
Dans les horreurs de ma prison,
Ne pourroit sans effronterie,
Vous demander sa guerison,
Mon insolente flatterie
Feroit lors vne trahison,
A la pitié dont ie vous prie :
Et ce reste d'espoir qui m'accompagne icy,
Se rédroit criminel de vous crier mercy.

　　Pressé d'vn si honteux outrage,
Ie cherche au fonds de mon courage
Mes secrets les moins paroissans,
Ie songe à toutes les delices
Où se sont emportez mes sens ;
Ie m'adresse à tous mes complices :
Mais ils se trouuent innocens,
Et s'irritent de mes supplices.
O ciel, ô bonnes mœurs que puis-je auoir commis
Pour rendre à mon bon droict tant de Dieux enne-
　　mis?

　　　　　　　　　　　　　　　　Mais

Mais c'est en vain que ie me fie
A la raison qui iuſtifie,
Ma penſee & mes actions,
Bien que mon bon droit ſoit palpable,
Ce ſont peut-eſtre illuſions,
Le Parlement n'eſt pas capable
Des legeres impreſſions
Qui font vn innocent coulpable,
Quelque tort apparent qui me puiſſe aſſaillir,
Les Iuges ſont des Dieux ils ne ſçauroient faillir.

    N'ay-ie point merité la flamme
De n'auoir ſceu ployer mon ame
A loüer vos diuins eſprits ?
Il eſt temps que le Ciel s'irrite,
Et qu'il puniſſe le meſpris
D'vn flatteur de Cour hypocrite
Qui vous a volé tant d'eſcrits,
Qui ſont deus à voſtre merite.
Courtiſans qui m'auez tant deſrobé de iours,
Eſt-ce vous dont i'eſpere auiourd'huy du ſecours ?
    Race laſche & deſnaturee,
Autresfois ſi mal figuree
Par mes vers mal recompenſez,
Si ma vengeance eſt aſſouuie,
Vous ſerez ſi bien effacez,
Que vous ne ferez plus d'enuie
Aux honneſtes gens offencez,
Des loüanges de voſtre vie.
Et que les vertueux douteront deſormais,
Quel vaut mieux d'vn Marquis ou d'vn Clerc du
    Palais.
    Et s'il faut que mes funerailles

H

Se facent entre les murailles,
Dont mes regards sont limitez
Dans ces pierres moins impaßibles,
Que vos courages bebetez;
I'escriray des vers si lisibles,
Que vos honteuses laschetez
Y seront à iamais visibles.
Et que les criminels de ce hideux manoir,
N'y verront point d'obiect plus infame & plus noir.
   Mais si iamais le Ciel m'accorde
Qu'vn rayon de misericorde
Paße au trauers de ceste tour,
Et qu'enfin mes Iuges ployables,
Ou par iustice ou par amour,
M'ostent de ces lieux effroyables;
Ie vous feray paroistre auiour
Dans des portraits si pitoyables,
Que vostre foible esclat se trouuera si faux,
Que vos fils rougiront de vos sales defaux.
   Mes Iuges, mes Dieux tutelaires,
S'il est iuste que vos choleres
Me laißent desormais viuant:
Si le traict de la calomnie
Me perce encor aßez auant,
Si ma muse est aßez punie,
Permettez que d'oresnauant
Elle soit sans ignominie.
Afin que vostre honneur puißes trouuer des vers,
Digne de les porter aux yeux de l'Vniuers.

TRES-HVMBLE
REQVESTE DE
Theophile.

A MONSEIGNEVR LE
Premier Prefident.

PRiué de la clarté des Cieux
  Sous l'enclos d'vne voute fombre,
Où les limites de mes yeux
Sont dans l'efpace de mon ambre,
Deuoré d'vn ardent defir
Qui foufpire apres le plaifir,
Et la liberté de ma vie;
Ie m'irrite contre le fort,
Et ne veux plus mal à l'enuie
Que d'auoir differé ma mort.
  Pleuft au Ciel, qu'il me fut permis
Sans violer les droicts de l'ame
De me rendre à mes ennemis,
Et moy-mefme allumer ma flamme,
Que bien toft i'aurois euité
La honteufe captiuité
Dont la force du temps me lie,
Auiourd'huy mes fens bien-heureux
Verroient ma peine enfeuelie,
Dans vn fepulchre genereux.
  Mais ce grand Dieu qui fit nos loix
Lors qu'il regla nos deftinees.

Ne laiſſa point à noſtre choix
La meſure de nos annees,
Quand nos Aſtres ont fait leur cours,
Et que la trame de nos tours,
N'a plus aucun filet à ſuiure,
L'homme alors peut changer de lieu,
Et pour continuer de viure
Ne doit mourir qu'auecques Dieu.

    Auſſi me puis bien vanter
Que dans l'horreur d'vne aduanture
Aſſez capable de tenter
La foibleſſe de la nature :
Le Ciel amy des innocens
Fit voir à mes timides ſens
Sa Diuinité ſi propice,
Qu'encor i'ay touſiours eſté
Sur le bord de mon precipice
D'vn viſage aſſez arreſté.

    Il eſt vray qu'au point d'endurer
Les affrons que la calomnie,
M'a fait ſi longuement durer,
Ma conſtance ſe voit finie
Dans ce ſanglant reſſouuenir,
Celuy qui veut me retenir
Il a ſes paſſions trop lentes,
Et n'a iamais eſté battu
Des proſperitez inſolentes
Qui s'attaquent à la vertu.

    Mais ô l'erreur de mes eſprits
Dans le ſiecle infame où nous ſommes,
Tout ce des-honneur n'eſt qu'vn prix
Pour paſſer le commun des hommes,

Combien de fauoris de Dieu
Dans vn plus miserable lieu,
Ont senty de pires malices,
Et dans leurs inocentes mains
Qui n'auoient que les Cieux complices
Receu des fers plus inhumains.

   D'ailleurs l'espine est sous la fleur,
Le iour sort d'vne couche noire,
Et que sçay-ie si mon mal-heur,
N'est point la source de ma gloire?
Vn iour mes ennuis effacez
Dans mon souuenir retracez
Seront eux-mesme leur salaire,
Toutes les choses ont leur tour,
Dieu veut souuent que la cholere
Soit la marque de son amour.

   Qui me pourra persuader
Que la Cour soit tousiours charmee,
D'où la peut encor aborder
Le venin de la renommee,
Si VERDVN ouure vn peu ses yeux
Quel esprit vn peu captieux
Pourra mordre à sa conscience:
De quel vent peut-on escumer
Dans ce grand gouffre de science
Pour n'y pas bien tost abysmer.

   Grande lumiere de nos iours
Dont les proiets sont des miracles,
Et de qui les communs discours
Ont plus de poids que les Oracles,
Saincte guide de tant de Dieux
Qui sur les modelles des Cieux,

Donnez des reigles à la terre,
Dieu sans excez, & sans deffaut
Vous auez ç'à bas vn tonnerre,
Comme en a ce grand Dieu la haut.

   Le Ciel par de si beaux crayons
Marque le fil de vos harangues,
Qu'on y voit les mesmes rayons
Du grand tresor de tant de langues
Qu'il versa par le Sainct Esprit,
Aux disciples de IESVS CHRIST:
Paris est jaloux que Tholouse
Ait eu deuant luy tant d'honneur,
L'Europe est auiourd'huy jalouse
Que la France ait tout ce bon heur.

   Quand ie pense profondement
A vos vertus si recognuës,
Mon espoir prend vn fondement
Qui l'esleue au dessus des nuës,
Ie laisse reposer mes soins
Les alarmes des faux tesmoins,
Ne me donnent plus tant de crainte,
Et mon esprit tout transporté
Au milieu de tant de contrainte,
Gouste à demy ma liberté.

   C'est de vous sur tous que i'attends
A voir retrancher la licence
Qui fait habiter trop long temps
La crainte auec l'innocence;
Et quand tout l'Enfer respandroit
Ses tenebres sur mon bon droit
Ie sçay que vostre esprit esclatte,
Dans la plus noire obscurité,

Et que tout l'appas qui vous flatte
C'est la voix de la verité.

Mais ô l'honneur du Parlement,
Tout ce que i'escry vous offence
Puis qu'escrire icy seulement
C'est violer vostre deffence,
Mon foible esprit s'est desbauché,   (·..)
A l'obiect d'vn si doux peché
Et croit sa fauté legitime,
Car la vertu doit aduoüer
Qu'elle mesme est pis que le crime,
Si c'est crime que vous loüer.

REMERCIMENT DE THEOPHILE
à Coridon.

Illes du souuerain des Dieux,
Belles Princesses toutes nuës,
Qui foulez ce mont glorieux
Dont la Vertu touche les nuës,
Cheres germaines du Soleil
Deuant qui la sœur du sommeil
Void toutes ses fureurs captiues,
Descendez de ce double mont
Et ne vous monstrez point retiues
Quand le merite vous semond.

Derechef pour l'amour de moy,
Sainctes filles de la memoire,
Si vous auez congé du Roy
D'interrompre vn peu son histoire,

Suiuez ce petit traiƈt de feu,
Dont voſtre frere perce vn peu
L'obſcurité de ma demeures
Deeſſes il vous faut haſter,
Le Soleil n'a que demie-heure
Tous les iours à me viſiter.

    Mais quel eſclat dans ce manoir
Chaſſa l'obſcurité de l'ombre,
D'où vient qu'en ce cachot ſi noir
On ne trouue plus rien de ſombre?
Inuiſibles Diuinitez
Qui par mes importunitez
Eſtes ſi promptement venuës,
Dieux! que me diray-ie content,
De vous auoir entretenuës
Malgré ceux qui m'en veulent tant.

    Dites moy, car c'eſt le ſuieƈt,
Pour qui ma paßion vous preſſe
Quel doit eſtre auiourd'huy l'obieƈt
De voſtre immortelle carreſſe,
Faites que vos diuins regards
Le cherchent en toutes les parts
Où mes amitiez ſont allees,
Ha! qu'il paroiſt viſiblement,
Muſes vous eſtes appellees
Pour Coridon tant ſeulement.

    Eſt-ce vous le ſeul des viuans
Qui n'auez point perdu courage
Pour la fureur de tant de vents,
Qui conſpirent à mon naufrage,
Vous ſeu¹ capable de pitié,
Qu'vne ſi longue inimitié

Contre moy

Contre moy si fort obstinee,
N'aiamais encor abatu,
Et qui suiuez ma destinee
Iusqu'aux abois de ma vertu?
Et tant de laches Courtisans
Dont i'ay si bien flatté la vie
Contre moy sont les partisans,
Où les esclaues de l'enuie.

 Auiourd'huy ces esprits abiects
Ployent à tous les faux obiects,
Que leur offre la calomnie,
Et n'ose d'vn mot seulement
S'opposer à la tyrannie
Qui me creuse le monument.

 Ce ne sont que mignards de lict,
Ce sont des courages de terre,
Que la moindre vague amolit
Et qui n'ont qu'vn eslat de verre,
Ce n'est que molesse & que fard,
Leur sens, leur voix, & leur regard,
Ont tousiours diuerse visee,
Et pour le mal & pour le bien
Ils ont vne ame diuisee,
Qui ne peut s'asseurer de rien.

 Ces cœurs où l'ennemy de Dieu
A logé tant de perfidie,
Qu'on n'y sçauroit trouuer de lieu
Pour vne affection hardie,
Ils n'ont iamais d'amy si cher,
Que sa mort les puisse empescher,
De quelque visite ordinaire,
Où depuis le matin au soir

I

Bien souuent ils n'ont rien à faire
Que se regarder & s'asseoir.

Mais que peut-on contre le sort,
Laissons là ces vilaines ames,
Leur lascheté n'a point de tort,
Ils nasquirent pour estre infames,
La fortune aux yeux aueuglez,
Aux mouuemens tous dereglez
Les a conçeus à l'auanture,
Et sous vn Astre transporté
Qui cheminoit contre nature
Quand il leur versa sa clarté.

Vous estes né tout au rebours
De leurs influances malines,
L'Astre dont vous suiuez le cours
Suit les routes les plus diuines ?
Il est vray que vous meritez
Au delà des prosperitez,
Dont il vous a laissé l'vsage ;
Si le destin donnoit vn rang
Selon l'esprit & le courage
Damon seroit Prince du sang.

O Dieux que me faut-il choisir
Pour loüer mon Dieu tutelaire
Que feray-ie en l'ardent desir
Que mon esprit a de vous plaire ?
Ie diray par tout mon bon-heur
Ie peindray si bien vostre honneur,
Que la mer qui void les deux Poles
Dont se mesure l'Vniuers,
Gardera sur les ondes moles
Le caractere de mes vers.

THEOPHILE A SON AMY
CHIRON.

TOY qui fais vn breuuage d'eau
Mille fois meilleur & plus beau,
Que celuy du beau Ganimede,
Et qui luy donnes tant d'appas
Que sa liqueur est vn remede,
Contre l'atteinte du trespas.

Penses-tu que malgré l'ennuy
Qui me peut donner auiourd'huy
L'horreur d'vne prison si noire,
Ie ne te garde encor vn lieu
Au mesme endroit de ma memoire
Où se doit mettre vn demy-Dieu.

Bouffy d'vn air tout infecté
De tant d'ordures humecté
Et du froid qui me fait la guerre
Tout chagrin & tout abatu,
Mieux qu'en autre lieu de la terre
Il me souuient de ta vertu.

Chiron au moins si ie pouuois
Te faire ouyr les tristes voix
Dont t'inuoquent mes maladies,
Tu me pourrois donner dequoy
Forcer mes Muses estourdies
A parler dignement de toy.

De tant de vases precieux
Où l'art le plus exquis des Cieux,
A caché sa meilleure force,

Si i'auois seulement gousté
A leur moindre petite amorce
I'aurois trop d'aise & de santé.

   Si deuant que de me coucher
Mes souspirs se pouuoient boucher
D'vn long traict de cest Hydromelle
Où tout chagrin s'enseuelit,
L'enfant dont auorta Semele
Ne me mettroit iamais au lict.

   Au lieu des continus ennuis
Qui me font passer tant de nuits
Auec des visions horribles,
Mes yeux verroient en sommeillant
Mille voluptez inuisibles
Que la main cherche en s'esueillant.

   Au lieu d'estre dans les enfers,
De songer des feux & des fers
Qui me font le repos si triste,
Ie songerois d'estre à Paris
Dans le cabinet où Caliste,
Eust le triomphe de Cloris.

   A l'esclat de ses doux flambeaux,
Les noires caues des tombeaux
D'où ie vois sortir les furies,
Se peindroient de viues couleurs
Et seroient à mes resueries
De beaux prez tapissez de fleurs.

   A! que ie perds de ne pouuoir
Quelquefois t'ouyr & te voir,
Dans mes noires melancholies,
Qui ne me laissent presque rien
De tant d'agreables folies

Qu'on aymo: en mon entrien.

Que mes Dieux font mes ennemis
De ce qu'ils ne m'ont pas permis
De t'appeller en ma detresse,
Docte Chiron apres le Roy
Et les faueurs de ma maistresse
Mon cœur n'a de regret qu'à toy.

PRIERE DE THEOPHILE
AVX POETES DE CE TEMPS.

VOVS à qui des fraisches vallees
Pour moy si durement gelees,
Ouurent les fontaines de vers:
Vous qui pouuez mettre en peinture
Le grand object de l'Vniuers,
Et tous les traicts de la nature.

Beaux esprits si chers à la gloire,
Et sous qui l'œil de la memoire
Ne sçaurois rien trouuer de beau.
Escoutez la voix d'vn Poëte,
Que les alarmes du tombeau
Rendent à chasquefois muette.

Vous sçauez qu'vne iniuste race
Maintenant fait de ma disgrace
Le iouët d'vn zele trompeur
Et que leurs perfides menees,
Dont les plus resolus ont peur
Tiennent mes Muses enchaisnees.

S'il arriue que mon naufrage,
Soit la fin de ce grand orage

Dont ie voy mes iours menaſſez
Ie vous coniure ô trouppe ſainĉte
Par tout l'honneur des treſpaſſez,
De vouloir acheuer ma plainte.

Gardez bien que la calomnie,
Ne laiſſe de l'ignominie
Aux tourmens qu'elle m'a iurez,
Et que le braſier qu'elle allum:,
Si mes os en ſont deuorez,
Ne bruſle pas auſſi ma plume.

Contre tous les eſprits de verre
Autrefois i'auois vn tonnerre,
Mais le temps flatte leur courroux,
Tout me quitte, la Muſe eſt priſe,
Et le bruit de tant de verroux
Me choque la voix & la briſe.

Que ſi ceſte race ennemie,
Me laiſſe apres tant d'infamie,
Dans les termes de me vanger,
N'attendez point que ie me venge
Au lieu du ſoin de l'outrager
I'auray ſoin de voſtre loüange.

Car s'il faut que mes fortes luttent,
Contre ceux qui me perſecutent,
De quelle terre des humains,
Ne ſont leurs ligues emparees,
Il faudroit contr'eux plus de mains
Que n'en auroit cent Briarees.

Ma pauure ame toute abatuë,
Dans ce long ennuy qui me tuë,
N'a plus de deſirs violens,
Mon courage & mon aſſeurance

Me sont de vigoureux eslans
Du costé de mon esperance.

Icy pour desnoüer la chaisne
Qui me tient tout prest à la gesne.
Mon esprit n'aplique ses soings,
Et ne reserue sa puissance.
Qu'à rembarer les faux tesmoings
Qui combatront mon innocence.

Desia depuis six mois ie songe
De quel si dangereux mensonge
Ils m'auront tendu le lien,
Et de quel si souple artifice
Leur esprit plus sot que le mien,
Me conuaincra de malefice.

On void assez que mes parties,
Bien soigneusement aduerties
De mes plus criminels secrets,
N'ont recours qu'à la tromperie,
Et que mes Iuges sont discrets
De ne point punir leur furie.

Mais ainsi qu'à souler leur haine,
Les Iuges ont des pieds de laine,
Ie voy que ces esprits humains,
Laissent long temps gronder l'enuie,
Sans mettre leur pesantes mains
Dessus mon innocente vie.

Et cependant ma patience
A qui leur bonne conscience,
Promet vn iour ma liberté,
S'exerce à chercher vne lime
Qui persuade à leur bonté
Qu'on me pardonnera sans crime.

Ma Muſe foible & ſans baleine
Courant ſa malheureuſe veine,
A recours à voſtre pitié:
Ne mordez point ſur ſon ouurage:
Car icy voſtre inimitié,
Deſmentiroit voſtre courage.

Ie ne fus iamais ſi ſuperbe
Que d'oſter aux vers de Malherbe
Le François qu'il nous ont appris,
Et ſans malice & ſans enuie,
I'ay touſiours leu dans ſes eſcrits,
L'immortalité de ſa vie.

Pleut au Ciel que ſa renommee
Fuſt auſſi cherement aymee
De mon Prince qu'elle eſt de moy,
Son deſtin loin de la commune
Seroit touſiours auec le Roy
Dedans le char de la fortune.

Vne autre veine violente
Touſiours chaude & touſiours ſanglante
Des combats de guerre & d'amour
A tant d'eſclat ſur les theatres,
Qu'en d'eſpit des freſlons de Cour
Elle a fait mes ſans idolaſtres.

Hardy dont le plus grand volume
N'a iamais ſçeu tarir la plume,
Pouſſe vn torrent de tant de vers
Qu'on diroit de l'eau d'Hypocrene
Ne tient tous ſes vaiſſeaux ouuers
Qu'alors qu'il y remplit ſa veine.

Porcheres, auec tant de flamme,
Pouſſe les mouuemens de l'ame

Vens

Vers la route des immortels,
Qu'il laisse par tout des matieres,
Où ses vers trouuent des Autels
Et les autres des cimetteres.

Encore n'ay-ie point l'audace
De fouler leur premiere trace
Boitrobert, en peut amener,
A pris ses pas tout vne presse,
Qui mieux que moy peuuent donner
Des loüange à sa Princesse.

S. Aman sçait polir la rime
Auec vne si douce lime,
Que son luth n'est pas plus mignard ;
Ny Gombaut dans vne elegie ?
Ny l'epigrame de Menard,
Qui semble auoir de la magie.

Et vous mille ou plus que i'adore
Que mon dessein veut ioindre encore
A ces genies vigoureux,
De qui ie tache icy la gloire,
Pour ce que le sort malheureux
Les a fait choir à ma memoire.

Voyant mes Muses estourdies
Des frayeurs & des maladies
Qui me prennent à tous momens,
Faitte leur vn peu de carresse
Et leur rendez les complimens
De celuy qui vous les adresse.

REMONSTRANCE DE
THÉOPHILE A MONSIEVR DE
Vertamont Conseiller en la
grand' Chambre.

1. DE formais que le renouueau
Fond la glace, & desseiche l'eau
Qui rendent les yre inutiles :
Et qu'en l'obiect de leurs plaisirs
Les places des plus grandes villes
Sont des prisons à nos desirs.

2. Que l'oiseau de qui les glaçons
Auoient enferme les chansons
Dans la poictrine refroidie,
Trouue la clef de son gosier :
Et promeine sa melodie
Sur le Myrthe & sur le Rosier.

3. Que l'Abeille apres la rigueur
Qui tient ses aisles en langueur
Au fonds de ses petites cruches,
S'en va continuer le miel,
Et quittant la prison des ruches
N'a son vol borné que du ciel.

4. Que les Zephires s'espanchans
Parmy les entrailles des champs
Laschent ce que le froid enserre :
Que l'Aurore auecque ses pleurs
Ouure les cachots de la terre
Pour en faire sortir les fleurs.

5. Que le temps se rend si benin,
Mesme aux serpens pleins de venin,

Dont noſtre ſang eſt ſa paſture:
Qu'en la faueur de la ſaiſon
Et par Arreſt de la Nature,
Il les fait ſortir de priſon.

   6. L'an a fait plus de la moitié,
Que tous les iours voſtre pitié
Me doit faire changer de place?
Ne me tenez plus en ſuſpens:
Et me faites au moins la grace
Que le Ciel faict à des ſerpens.

LA MAISON DE SILVIE,
PAR THEOPHILE,

ODE.

POVR laiſſer auant que mourir
  Les traits viuans d'vne peinture
Qui ne puiſſe iamais perir
Qu'en la perte de la Nature,
Ie paſſe des crayons dorez
Sur les lieux les plus reuerez,
Où la vertu ſe refugie,
Et dont le port me fut ouuert
Pour mettre ma teſte à couuert
Quand on bruſla mon effigie.

   Tout le monde a dit qu'Apollon
Fauoriſe qui le reclame,
Et qu'auec l'eau de ſon valon
Le ſçauoir peut couler dans l'ame:
Mais i'eſtouffe ce vieil abus,
Et bannis deſormais Phœbus

K

De la bouche de nos Poëtes ;
Tous ces Temples sont demolis
Et ses Demons enseuelis
Dans des sepultures muettes.

Ie ne consacre point mes vers
A ces idoles effacees
Qui n'ont esté dans l'Vniuers,
Qu'vn faux obiect de nos pensees,
Ces fantosmes n'ont plus de lieu,
Tels qu'on dit auoir esté Dieu,
N'estoit pas seulement vn homme
Le premier qui vit l'Eternel,
Fut c'est impudent criminel
Qui mord la fatale pomme.

Tous ces Dieux de bronze & d'airain
N'ont iamais lancé le Tonnerre,
C'est le dard du Dieu souuerain
Qui crea le Ciel & la Terre,
Hâ ! que le celeste courroux
Estoit bien embrazé sur nous,
Lors qu'il fit parler ces Oracles,
Et que sans destourner nos pas
Il nous vit courir aux appas,
De leur pernicieux miracles.

Satan ne nous fait plus broncher
Dans de si dangereuses toiles,
Le Dieu que nous allons cercher
Loge plus haut que les estoilles,
Nulle diuinité que luy,
Ne me peut donner auiourd'huy
Ceste flame ou ceste fumée,
Dont nos entendemens espris
S'efforcent à gagner le prix,

Que merite la renommée.

   Apres luy ie m'en vais loüer
Vn image de Dieu si belle,
Que le Ciel me dost aduoüer
Du trauail que ie fay pour elle :
Car apres ses sacrez Autels,
Qui deuant leurs feux immortels
Font aussi prosterner les Anges,
Nous pouuons sans impieté
Flater vne chaste beauté
Du doux encens de nos loüanges.

   Ainsi sous de modestes vœux
Mes vers promettent à Siluie,
Ce buict charmeur que les neucux
Nomment vne seconde vie:
Que si mes escrit mesprisez
Ne peuuent voir authorisez,
Les tesmoignages de sa gloire,
Ces eaux, ces rochers & ces bois
Prendront des ames & des voix
Pour en conseruer la memoire.

   Si quelques arbres renommez
D'vne adoration profane,
Ont esté iadis animez
Des sombres regards de Diane;
Si les ruisseaux en murmurant
Alloient autrefois discourant,
Au gré d'vn Faune ou d'vne Fee,
Et si la messe du rocher,
Se laissa quelquefois toucher
Aux chansons que disoit Orphee.

   Quelle dureté peut auoir
L'obiet que ma Princesse touche,

Qu'elle ne puisse le pourueoir
Tout aussi tost d'ame & de bouche?
Dans ses bastimens orgueilleux,
Dans ses pourmenoirs merueilleux
Quelle solidité de marbres
Ne pourront penetrer ses yeux,
Quelles fontaines & quels arbres
Ne les estimeront des Dieux.

   Les plus durs chesnes entrouuerts
Bien plustost de gré que de force
Peindront pour elle de mes vers
Et leur fueille & leur escorce,
Et quand ils les auront grauez
Sur leurs fronts les plus releuez,
Ie sçay que les plus fiers orages
Ne leur oseront pas toucher,
Et pourront plustost arracher
Leurs racines & leur ombrages.

   Ie sçay que ces miroirs flotans
Où l'obiet change tant de place,
Pour elle deuenus constans
Auront vne fidele glace,
Et sous vn ornement si beau
La surface mesme de l'eau,
Nonobstant sa delicatesse
Gardera seurement encreZ
Et mes characteres sacrez,
Et les attraits de la Princesse.

   Mais sa gloire n'a pas besoin
Que mon seul ouurage en responde,
Le ciel a desia pris le soin
De la peindre par tout le monde,
Ses yeux sont peints dans le Soleil,

L'Aurore dans son teint vermeil
Void ses autres beautez tracees,
Et rien n'esteindra ces vertus
Que les cieux ne soient abatus
Et les estoilles effacees.

ODE II.

VN soir que les flots mariniers
Appressoient leur molle littiere,
Aux quatre rouges limonniers
Qui sont au ioug de la lumiere,
Ie panchois mes yeux sur le bort
D'vn lict où la Naiade dort
Et regardant pescher Siluie
Ie voyois battre les poissons
A qui plustost perdroit la vie
En l'honneur de ses hameçons.

D'vne main defendant le bruit,
Et de l'autre iettant la line,
Elle fait qu'abordant la nuict
Le iour plus bellement decline,
Le Soleil craignoit d'esclairer,
Et craignoit de sereiner,
Les estoilles n'osoient paroistre,
Les flots n'osoient s'entrepousser
Le Zephire n'osoit passer,
L'herbe se retenoit de croistre.

Ses yeux iettoient vn feu dans l'eau,
Ce feu choque l'eau sans la craindre,
Et l'eau trouue se feu si beau
Qu'elle ne l'osseroit esteindre,
Ses Elemens si furieux
Pour le respect de ses beaux yeux
Interrompirent leur querelle

Et de crainte de la fascher
Se virent contraints de cacher
Leur inimitié naturelle.

Les Tritons en la regardans
Au trauers leur vitre liquides
D'abord à cét obiect ardant
S'entent qu'ils ne sont plus humides,
Et par estonnement soudain,
Chacun d'eux dans vn corps de dain,
Cache sa forme despouillee,
S'estonne de se voir cornu,
Et comment le poil est venu
Deßus son escaille moüillee.

Souspirant du cruel affront
Qui de Dieux les a fait des bestes,
Et sous les cornes de leur front
A courbé leur honteuses testes,
Ils ont abandonné les eaux
Et dans la riue où les rameaux,
Leur ont fait vn logis si sombre,
Promenant leurs yeux esbahis
N'osent plus fier que leur ombre,
A l'estang qui les a trahis.

On dit que la sœur du Soleil
Eust ce pouuoir sur la Nature,
Lors que d'vn changement pareil
Acteon quitta sa figure,
Ce que fit sa diuine main,
Pour punir dans vn corps humain,
Sa curiosité profane
S'est fait icy contre les Dieux,
Qui n'auoient approche leurs yeux
Que des yeux de nostre Diane.

es dains

Ces daíns que la honte & la peur,
Chaffe des murs & des allees,
Maudiffent le deftin trompeur
Des froideurs qu'il leur a volees,
Leur cœur priué d'humidité
Ne peut qu'auec timidité
Voir le ciel ny fouler la terre,
Où Siluie en fes pourmenoirs
Iette l'efclat de fes yeux noirs
Qui leur font encor' la guerre.

Ils s'eftiment heureux pourtant
De prendre l'air qu'elle refpire,
Leur deftin n'eft que trop contant
De voir le iour fous fon Empire,
La Princeffe qui les charma
Alors qu'elle les transforma,
Les fit eftre blancs comme neige,
Et pour confoler leur douleur,
Ils receurent le priuilege
De porter toufiours fa couleur.

Lors qu'à petits floquons liez
La neige fraifchement venuë,
Sur des grands tapis deftiez
Efpanche l'amas de la nue,
Lors que fur le chemin des cieux
Ses grains ferrez & gracieux,
N'ont trouué ny vent ny tonnerre,
Et que fur les premiers coupeaux,
Loing des hommes & des trouppeaux
Ils ont peint les bois & la terre.

Quelque vigueur que nous ayons
Contre les efclats qu'elle darde
Ils nous bleffent & leurs rayons

Eſblouÿſſent qui les regarde,
Tel dedans ce parc ombrageux
Eſclatte le troupeau negeux
Et dans ſes veſtemens modeſtes,
Où le front de Siluie eſt peint,
Fait briller l'eſclat de ſon teint
A l'ennuy des neges celeſtes.

En la ſaiſon que le Soleil
Vaincu du froid & de l'orage,
Laiſſe tant d heures au ſommeil
Et ſi peu de temps à l'ouurage,
La nege voyant que ces dains
La foulent auec des deſdains
S'irrite de leurs bons ſuperbes,
Et pour affermer ce troupeau
Par deſpit ſous vn froid manteau,
Cache & tranſit tous les herbes.

Mais le parc pour ſes nourriſſons
Tient aſſez de creches couuertes,
Que la nege ny les glaçons
Ne trouueront iamais ouuertes,
Là le plus rigoureux hyuer
Ne les ſçauroient iamais priuer,
Ny de loge ny de paſture
Ils y trouuent touſiours du vert,
Qu'vn peu de foin met à couuert
Des outrages de la Nature.

Là les faiſans & les perdrix
Y fourniſſent leur compagnies,
Mieux que les hales de Paris
Ne les ſçauroient auoir fournies,
Auec elle voit-on manger
Ce que l'air le plus eſtranger

Nous peut faire venir de rare
Des oyseaux venus de si loing
Qu'on y void imiter le soing
D'vn grand Roy qui n'est pas auare
    Les animaux les moins priuez,
Aussi bien que les moins sauuages,
Sont esgallement captiuez
Dans ces bois & dans ces riuages,
Le maistre d'vn lieu si plaisant
De l'hyuer le plus mal faisant,
Deffie toutes les malices
A l'abondance de son bien,
Les Elemens ne trouuent rien
Pour luy retrancher ses delices.

ODE III.

DAns ce Parc vn valon secret
  Tout voilé de ramages sombres,
Ou le Soleil est si discret
Qu'il n'y force iamais les ombres,
Presse d'vn cours si diligent
Les flots de deux ruisseaux d'argent,
Et donne vne fraischeur si viue
A tous les obiets d'alentour,
Que mesme les martyrs d'Amour
Y trouuent leur douleur captiue.

    Vn estanc dort là tout au prés,
Où ces fontaines violentes,
Courent & font du bruit exprés
Pour esueiller ses vagues lentes,
Luy d'vn maintien maiestueux
Reçoit l'abord impetueux
De ces Naiades vagabondes,
Qui dedans ce large vaisseau

L

Confondent leur petit ruyßeau
Et ne discernent plus ses ondes.

Là Melicerte en vn gazon,
Frais de l'estanc qui l'enuironne
Fait aux Cygnes vne maison
Qui luy sert außi de couronne,
Si la vague qui bat ses bors
Iamais auecques des thresors
N'arriue à son petit Empire
Au moins les vents & les rochers
N'y font point crier les nochers
Dont ils ont brisé les nauires.

Là les oyseaux font leurs petits,
Et n'ont iamais veu leurs couuees,
Souler les sanglots appetits
Du serpent qui les a trouuees,
Là n'estend point ses plus mortels
Ce monstre ie qui tant d'autels
Ont iadis adore les charmes
Et qui d'vn gosier gemißant
Fait tomber l'ame du paßant
Dedans l'embusche de ses larmes.

Zephyre en chaße les chaleurs,
Rien que les Cygnes ny repaißent
On n'y trouue rien sous les fleurs
Que la fraischeur dont elles naißent,
Le gazon garde quelques fois
Le bandeau l'arc & le carquois
De mill' amours qui se despouillent,
A l'ombrage de ses roseaux,
Et dans l'humidité des eaux
Trempent leur ieunes corps qui boüillent.

L'estanç leur preste saf. aischeur,

La Naiade leur verse à boire,
Toute l'eau prend de leur blancheur
L'esclat d'vne couleur d'yuoire,
On void là ces nageurs ardents,
Dans les ondes qu'ils vont fendants,
Faire la guerre aux Nereïdes,
Qui deuant leur teint mieux vny,
Cachent leur visage terny
Et leur front tout coupé de rides.

Or ensemble, ores dispersez
Ils brillent dans ce crespe sombre,
Et sous les flots qu'ils ont persez
Laissent esuanoüir leur ombre,
Parfois dans vne claire nuict,
Qui du feu de leurs yeux reluit
Sans aucun ombrage de nuës,
Diane quitte son Berger
Et s'en va là dedans nager,
Auecques ses estoilles nuës.

Les ondes qui leur font l'amour,
Se refrisent sur leurs espaules,
Et font danser tout à l'entour
L'ombre des roseaux & des saules;
Le Dieu de l'eau tout furieux
Haussé pour regarder leurs yeux
Et leur poil qui flotte sur l'onde,
Du premier qu'il void approcher,
Pense voir ce ieune cocher
Qui fit iadis brusler le monde.

Et ce pauure amant langoureux,
Dont le feu tousiours se r'allume,
Et de qui les soins amoureux
Ont fait ainsi blanchir la plume

Ce beau Cignè à qui Pháëton
Laiſſa ce lamentable ton,
Teſmoin d'vne amitié ſi ſaincte,
Sur ſe dos ſon aiſle eſleuant
Met ſes voilles blanches au vens,
Pour chercher l'obiect de ſa plaincte.

   Ainſi pour flatter ſon ennuy,
Ie demande au Dieu Meliterte,
Si chacun Dieu n'eſt pas celuy
Dont il ſouſpire tant la perte,
Et contemplant de tous coſtez
La ſemblance de leurs beautez,
Il ſent renouueller ſa flame,
Errant auec des faux plaiſirs
Sur les traces des vieux deſirs,
Que conſerue encore ſon ame.

   Touſiours ce furieux deſſein,
Entretient ſes bleſſeures fraiſches,
Et fait venir contre ſon ſein
L'air bruſlant & les ondes ſeches:
Ces attraits empreints là dedans
Comme auec des flambeaux ardens,
Luy rendent la peau toute noire,
Ainſi dedans comme dehors,
Il luy tient l'eſprit & le corps
La voix, les yeux & la memoire.

ODE IIII.

CHaſte oyſeau que ton amitié,
  Fut malheureuſement ſuiuie,
Sa mort eſt digne de pitié
Comme ſa foy digne d'enuie:
Que ce precipité tombeau,
Qui t'en laiſſa l'obiect ſi beau,

Fut cruel à tes deſtinees,
Si la mort l'euſt laißé vieillir,
Tes paßions alloient faillir:
Car tout s'eſteind par les annees.

    Mais quoy ! le ſort a des reuers,
Et certains mouuemens de haine,
Qui demeurent touſiours couuerts
Aux yeux de la prudence humaine:
Si pour fuir ce repentir
Ton iugement eut peu ſentir,
Le iour qui nous deuoit diſioindre,
Tu n'euſſe iamais veu ce iour,
Et iamais le trait de l'amour
Ne ſe fut meſlé de te poindre.

    Pour auoir aymé ce garçon,
Encor apres la ſepulture,
Ne crains pas le mauuais ſoupçon
Qui peut blaſmer ton aduanture,
Les courages des vertueux,
Peuuent d'vn vœu reſpectueux
Aymer toutes beautez ſans crime,
Comme donnant à tes amours
Ce chaſte & ce commun diſcours,
Mon cœur n'a point paſſe ma rime.

    Certains Critiques curieux
En trouuent les mœurs offencees,
Mais leurs ſoupçons iniurieux
Sont les crimes de leurs penſees:
Le deſſein de la Chaſteté,
Prend vne honneſte liberté,
Et franchit les ſottes limites,
Que preſcriuent les impoſteurs,
Qui ſous des robbes de Docteurs,

Ont des ames de Sodomites.
   Le Ciel nous donne la beauté
Pour vne marque de sa grace,
C'est par où sa diuinité
Marque tousiours vn peu sa trace,
Tous les obiects les mieux formez,
Doiuent estre les mieux aymez,
Si ce n'est qu'vne ame maligne,
Esclaue d'vn corps vicieux,
Combattent les faueurs des Cieux,
Et demente son origine.
   O que le desir aueuglé,
Où l'ame du brutal aspire,
Est loin du mouuement reglé
Dont le cœur vertueux souspire,
Que ce feu que nature a mis,
Dans le cœur de deux vrais amis
A des rauissements estranges,
Nature a fondé cest amour,
Ainsi les vœux ayment le iour,
Ainsi le Ciel ayme les Anges.
   Ainsi malgré ces tristes bruits,
Et leur imposture cruelle,
Thyrsis & moy goustons les fruicts
D'vne amitié chaste & fidele,
Rien ne separe nos desirs,
Ny nos ennuis, ny nos plaisirs,
Nos influences enlassees
S'estreignent d'vn mesme lien,
Et mes sentimens ne sont rien
Que le miroir de ses pensees.
   Certains feux de diuinité,
Qu'on nommoit autresfois Genies

D'vne

D'vne inuisible affinité
Tiennent nos fortunes vnies
Quelque visage different,
Quelque diuers sort apparent,
Qui se lise en nos aduantures,
Sa raison & son amitié,
Prennent auiour'huy la moitié
De ma honte & de mes iniures.

 Lors que d'vn si subit effroy
Les plus noirs enfans de l'enuie,
Au milieu des faueurs du Roy,
Oserent menacer ma vie,
Et que pour me voir opprimé
Le Parlement mesme animé
Des rapports de la Calomnie,
Sans pitié me vit combattu,
de la secrette tyrannie
Des ennemis de ma vertu.

 Thyrsis auecques trop de foy
M'asseura comme il est vnique
A qui l'astre luissant sur moy,
De tous mes desseins communiquez
Il n'eust pas disposé son cours
A commencer les tristes iours,
Dont ie souffre encore l'orage,
Qu'il s'en vint sous vn froid sommeil
De tout ce funeste appareil
A Damon faire voir l'image.

 Thyrsis outré de mes douleurs,
Me redit ce songe effroyable,
Qu'vn long train de tant de malheurs
Rendent d'oresnauant aymables,
D'vn long souspir qui deuança

La premiere voix qu'il pouſſa
Pour predire mon aduanture;
Ie ſentis mon ſang ſe geler,
Et comme autour de moy voler
L'ombre de ma douleur future.

ODE V.

DAmon, dit-il, i'eſtois au lit
Gouſtant ce que les nuits nous verſent,
Lors que le ſomme enſeuelit
Les ſoins du iour qui nous trauerſent
Au milieu d'vn profond repos,
Où nul regard ny nul repos,
N'abuſoit de ma fantaſie,
Vne froide & noire vapeur
Me tranſi l'ame d'vne peur
Qui la tient encore ſaiſie.

Iamais que lors noſtre amitié
N'auoit mis mon cœur à la geſne,
Tu me fis lors plus de pitié
Que Philis ne me fait de peine,
Ceſt effroyable ſouuenir
Me vient encore entretenir,
Et me redonne les alarmes
Du ſpectacle plus ennemy,
Qui iamais d'vn œil endormy
A peu faire couler des larmes

Ie ne ſçay ſi le feu d'amour,
Qui n'abonne point mon ame,
Au deffaut des rayons du iour
Ouurit lors mes yeux de ſa flame:
Combien que dans ce froid ſommeil
La viſible ardeur du Soleil
Se fut du tout eſuanouie,

Ie creus qu'en ceste fiction
I'auois libre la function
De ma veuë & de mon ouye.

   Vn grand fantosme sousterrain
Sortant de l'infernalle fosse,
Enroüé comme de l'airain,
Où rouleroit vne carrosse,
D'vn abord qui me menaçoit,
Et d'vn regard qui me blessoit,
Dressant vers moy ses pas funebres,
Fier des commissions du sort
Me dit trois fois, Damon est mort :
Puis se perdit dans les tenebres.

   Sans doute que leurs veritez
Plus puissantes que leur mensonges,
Touchent plus fort nos facultez,
Et nous impriment mieux les songes,
Ie retins si bien ses accens,
Et son image dans mes sens
Demeura tellement empreinte,
Que ton corps mort entre mes bras,
Et t'on sang versé dans mes dras,
Ne m'eussent pas fait plus de crainte.

   Apres d'vne autre illusion
Reflechissant sur ma pensee,
Et songeant à la vision,
Qui s'estoit fraischement passee,
Ie songeois qu'encor on doutoit
En quel estat Damon estoit,
Et comme au fort de la lumiere,
Où les obiers sont esclaircis,
Ie condamnois les faux soucis,
De mon illusion premiere.

Mais dans ce doute vn Meſſager,
Qui portoit les couleurs des Parques,
Me vint de ce fatal danger
Rafraiſchir les celeſtes marques,
Vn garçon habillé de dueil,
Qui ſembloit ſortir du cercueil,
Ouurant les rideaux de ma couche,
Me crie : On a tué Damon :
Mais d'vn accent que le Demon
N'auoit pas eſté plus farouche.

　　Morphee à ce ſecond aſſaut,
Oſtant ſes fers à ma paupiere
Me reſueilla tout en ſurſaut,
Et me laiſſa voir la lumiere :
Ie me leuay deshabillé
Plus tranſi, plus froid, plus moüillé,
Que ſi i'eſtois ſorty de l'onde :
C'eſtoit au point que l'Occident
Laiſſe ſortir le char ardant,
Où roule le flambeau du monde.

　　Cherchant du ſoulas par mes yeux,
Ie mets la teſte à la feneſtre,
Et regarde vn peu dans les Cieux
Le iour qui ne faiſoit que naiſtre :
Et combien que ce ſonge là
Dans mon ſang que la peur gela,
Laiſſaſt encore ſes images,
Ie me r'aſſeure & me rendors
Croyant que les vapeurs du corps,
Auoient enfanté ces nuages.

　　Le ſommeil ne m'eut pas repriſ,
Que ſongeant encore à ta vie
Tu vins t'aſſeurer mes eſprits

Qu'on ne te l'auoit point rauie,
Il est vray, Thyrsis : me dis-tu,
Qu'on en veut bien à ma vertu,
Là ie te vis dans vne esmeute,
Auancer l'espee à la main
Vers vn portail qui cheut soudain
Et qui t'accabla de sa cheute.

    De là ce songe en mon cerueau,
Poursuiuant tousiours son idee,
Ie te vis suiure en vn tombeau
Par vne foulle desbourbee,
Les iuges y tenoient leur rang,
L'vn d'entr'eux espancha du sang,
Qui me iaillit contre la face,
La toutmon songe s'acheua,
Et ton pauure amy se leua
Noyé d'vne sueur de glace.

    Cher Thyrsis lors que mon esprit
D'vne souuenance importune,
Repense au destin qui t'apprit
Les secrets de mon infortune,
Lors que ie suis le moins troublé
Tout mon espoir est accablé
De la tempeste ineuitable,
Dont me bat le courroux diuin,
Et voicy comment, on deuin
A rendu ta voix veritable.

    Ce songe du fatal secret,
Où ma premiere mort fut peinte
Predisoit ie cruel decret,
Dont ma liberté fut esteinte,
Ce garçon aux vestemens noirs,
Qui sembloit sortir des manoirs,

Qui ne s'ouurent qu'à la magie,
Lors qu'il parla de mon tombeau
Predisoit l'infame flambeau,
Qui consuma mon effigie.

　Thyrsis encor à l'autre fois,
Que ceste vision suiuie
Par mes regards, & par ma voix
L'asseura que i'estois en vie,
Se doit assez ressouuenir
Du soucy qui le fit venir
Où i'auois commencé ma fuite,
Lors que sa voix moins que ses pleurs
Me dit ce songe de malheurs,
Dont i'attens encore la suite.

　Ce songe auec autant de foy
Luy fit voir l'espee & la porte,
Et le peuple à l'entour de moy,
Comme d'vne personne morte,
Quand mes foibles bras alarmez
A cinquante voleurs armez
Voulurent presenter l'espee,
Ie cheus sous vn portail ouuert,
Et fus saisi dans le couuert,
Où ma bonne foy fut trompee.

　Soudain le sieur de Commartin
Qui porte des habits funebres,
Me fit serrer à Sainct Quentin
Entre les fers & les tenebres;
Depuis tousiours tout enebaisné
Soixante Archers m'ont amené
Par les bruits de la populace
Dedans ce tenebreux manoir,
Où ce sang & les inges noirs

M'auoient des-ia marqué la place.

ODE VI.

A Insi prophetisa Thyrsis
Les malheurs que toute vne annee
Par des accidens si precis
A fait choir sur ma destinee,
La furie de mon destein
Luy parut au mesme matin,
Qu'elle respandit sa bruine,
Car le Decret du Parlement
Se donnoit au mesme moment,
Que Thyrsis songeoit ma ruine.

Mon innocence & ma raison
Pour eschapper à leur cholere,
Appellerent de ma prison
A l'Autel d'vn Dieu tutelaire,
C'est où ie trouuay mon support,
C'est où Thyrsis courut d'abord
Predire & consoler ma peine
Nous estions lors tous deux couuerts
De ces arbres pour qui mes vers
Ouurent si iustement ma veue.

Nous estions dans vn cabinet
Enceint de fontaines & d'arbres,
Son meuble est si clair & si net,
Que l'esmail est moins que les marbres,
Celuy qui l'a fait si polly
Semble auoir iadis demoly
Le grand Palais de la lumiere,
Et pillant son riche pourpris
De tout ce glorieux debris,
Auoir là porté la matiere.

Pour conseruer mon ornement

Le Soleil le laue & l'essuye,
Car c'est le Soleil seulement,
Qui fait le beau temps & la pluye,
Flore y mettant de belles fleurs,
Que l'Aurore ne peut sans pleurs
Voir leur esclat qui la surmonte,
C'est à cause de cet affront,
Qu'elle monstre si peu son front,
Et qu'on la void rougir de honte.

L'odeur de ces fleurs passeroit
Le musc de Rome & de Castille,
Et la terre s'offenseroit
Qu'on y bruslast de la pastille,
Le garçon qui se consomma
Dans les ondes qu'il alluma,
Void là tous ses appas renaistre,
Et rauy d'vn obiet si beau,
Il admira que son tombeau
Luy conserue encore son estre.

La Nymphe qui luy fait la Cour
Le void là tous les ans reuiure,
Car son opiniastre amour
La contraint encore à le suiure,
Là le Ciel semble auoir pitié,
Des longs maux de son amitié,
Et permet parfois au Zephire
De la mener à son amant,
Qui respire insensiblement
L'air des flames qu'elle souspire.

Echo dedans vn si beau feu
Ialouse que le Ciel la voye,
Est inuisible & parle peu
De respect de honte & de ioye.

Ainsi mes esprits transportez
Se trouvent tous desconcertez,
Quand vne beauté me regarde,
Et mon discours le moins suspect
Trouue tousiours ou le respect,
Ou la honte qui le retarde.

Quand ie vous partir les regards
Des superbes yeux de Caliste,
Qui sont autant de coups de dards,
Où nulle qu'elle ne resiste,
Le tesmoin le plus asseuré,
Qui de mon esprit esgaré
Monstre la passion confuse,
C'est que ie ne sçaurois comment
Le prier d'vn mot seulement,
Que sa voix ne me le refuse.

Ie suiurois l'importun desir,
Qui m'en parle tousiours dans l'ame,
Et prendrois icy le loisir
De parler vn peu de ma flamme:
Mais l'entreprise du tableau,
Qui par vn cabinet si beau,
Commence à pourmener la Muse,
Me tient dans ce Parc enchanté
Où le Prinsemps le plus hasté,
Tousiours cinq ou six mois s'amuse.

Quand le ciel lassé d'endurer,
Les insolences de Borée
L'a contraint de se retirer,
Loin de la campagne azuree
Que les Zephyres r'appellez
Des ruisseaux à demy gelez
Ont rompu les escorces dures,

N

Et d'vn soufle vif & serain
Du Celeste Palais d'airain,
Ont chassé toutes les ordures.
   Les rayons du iour esgarez
Parmy des ombres incertaines
Esparpillent les feux dorez
Dessus l'azur de ces fontaines,
Son or dedans l'eau confondu
Auecques ce cristal fondu,
Mesle son teint & sa nature,
Et seme son esclat mouuant,
Comme la branche au gré du vent
Efface & marque sa peinture.
   Zephyre ialoux du Soleil,
Qui paroist si beau sur les ondes,
Trauerse ainsi l'estat vermeil
De ses allees vagabondes;
Ainsi ces amoureux Zephyrs
De leurs nerfs qui sont leurs souspirs,
Renforçant leur secousses fraisches,
Destournent tousiours ce flambeau,
Et pour cacher le front de l'eau
Iettent au moins des fueilles seches.
   L'eau qui fuit en les retardant
Orgueilleuse de leur querelle
Rit & s'eschappe cependant
Qu'ils sont à disputer pour elle,
Et pour prix de tous leurs efforts,
Laissant les ames sur les bords,
De ceste fontaine superbe,
Dissipent toute leurs chaleurs
A conseruer l'estat des fleurs,
Et la molle fraischeur de l'herbe.

C'est où se couche Palemon,
Qui triomphe de leur maistresse,
Et plein d'escume & de limon,
Quant il veut reçoit sa caresse:
Ainsi n'aguere deux Bergers
Ont couru les sanglants dangers,
Que l'honneur a mis à l'espee,
Et par vn malheur naturel
Laissent vainqueur de leur duel
Vn vilain qui pleut à Napee.

ODE VII.

LE plus superbe ameublement,
Dont le sejour des Rois esclatte,
L'or semé prodigallement
Sur la soye & sur l'escarlatte,
N'eurent iamais rien de pareil
Aux teintures, dont le Soleil
Couure les petits flots de verre,
Quelle couleur peut plaire mieux
Que celle qui contraint les cieux .
De faire l'amour à la terre?

Ce cabinet tousiours conuert
D'vne large & haute tenture,
Prend son ameublement tout verd
Des propres mains de la Nature,
D'elle de qui le iuste soin,
Estend ses charitez si loin,
Et dont la richesse feconde,
Paroist si claire en chaque lieu,
Que la prouidence de Dieu
L'establit pour nourrir le monder
Tous les bleds elle les produit;
Le sep ne vit que de sa force,

Elle en fait le pampre & le fruict,
Et les racines & l'escorce,
Elle donne le mouuement,
Et le siege à chaque element,
Et selon que Dieu l'authorise,
Nostre destin pend de ses mains,
Et l'influence des humains,
Ou leur nuict ou les fauorise.

   Elle a mis toute sa bonté,
Et son sçauoir & sa richesse;
Et les thresors de sa beauté
Sur le Duc & sur la Duchesse;
Elle a fait les heureux accords,
Qui ioignent leur ame & leur corps;
Bref, c'est elle aussi qui marie
Les Zephyres auec nos fleurs,
Et qui fait de tant de couleurs
Tous les ans leur tapisserie.

   Auec les naturels appas
Dont ce beau cabinet se pare,
La musique ne manque pas
D'y fournir ce qu'elle a de rare,
Ces chantres si tost esueillez,
Qui dorment tousiours habillez,
Quand l'Aurore les vient semondre,
Luy donnent vn si doux salut,
Que Sainct Amant auec son lut,
Auroit peine de les confondre.

   Quand la Princesse y fait seiour,
Ces oyseaux pensent que l'Aurore
A dessein d'y tenir sa cour,
A quitté les riues du More,
Vn sainct desir de l'approcher

Les anime & les fait pancher
Des branches qui luy font ombrage,
Et deuant ces diuinitez
Leur innocentes libertez
Ne craigne rien qui les outrage.

  Leurs cœurs se laissent desrober,
Insensiblement ils s'oublient,
Et les rameaux qu'ils font courber,
Quelquesfois leurs pieds se deslient,
Leur petit corps precipité
Se fie en la legereté
De la plume qui les retarde,
Ils planent sur leurs esterons
Et voletent aux enuirons
De Siluie qui les regarde.

  Quand elle escoute leurs chansons,
Leur vaine gloire s'estudie,
A reciter quelques leçons,
De leur plus douce melodie,
Chacun d'eux se trouue rauy,
Ils estallent tout à l'enuy
Leur thresor caché sous la plume,
Et ses remedes si plaisans
Qui des soucis les plus cuisans
Destrempent toute l'amertume.

  Comme les Chantres quelquefois,
D'vne complaisance ignorante,
Mignardant & l'œil & la voix
Deuant les beaux yeux d'Amarante,
Leur plaisir & leur vanité,
Fait qu'auec importunité,
Ils nous prodiguent leurs merueilles,
Et qu'ils chantent si longuement,

Que leur concert le plus charmant
Lasse l'esprit & les oreilles.

    Ainsi l'entretien d'vn rimeur,
Enflé des arts & des sciences,
Lors qu'il se trouue en bonne humeur
Vient à bout de nos patiences,
Et sans qu'on puisse rebuter
Cest instinct de persecuter
Que leur inspire le Genie,
Il faut à force de parler,
Que leur poulmon las de soufler
Fasse paix à la compagnie.

    Ainsi ces oyseaux s'attachans,
Au dessein de plaire à Siluie,
Dans les longs efforts de leurs chants
Semblent vouloir laisser la vie
Leur gosier sans cesse mouuant,
Estourdit les eaux & le vent
Et vaincu de sa violence,
Quoy qu'il vueille se retenir,
Il peut à peine reuenir
A la liberté du silence.

    Comme ils taschent à qui mieux mieux,
De faire agreer leur hommage,
Leur zele rend presque odieux
Le tumulte de leur ramage,
Leur bruit est ce bruit de Paris
Lors qu'vne voix de tant de cris
Benit le Roy parmy les ruës,
Qu'on le fasce en le benissant,
Et l'air esclatte d'vn accent
Qui semble auoir creué les nuës.

ODE VIII.

SVr tous le Roßignol outré,
Dans son ame encore alteree,
N'a iamais peu dire à son gré
Les affronts que luy fit Teree
Ses poulmons sans cesse enflammez,
Sont ses vieux souspirs r'animez,
Et ce peu d'esprit qui luy reste
N'est qu'vn souuenir eternel,
De maudire son criminel,
Et l'appeller tousiours inceste.

Ce petit oyseau tout panché
Où la Princesse se presente,
Craint d'auoir le gosier bouché,
Le bec clos, la langue pesante,
Et cependant qu'il peut iouyr
Du bon-heur de se faire ouyr,
Luy raconte son aduanture,
Et gazouille soir & matin
Sur les caprices du destin
Qui luy fit changer de Nature.

Il a de si diuers accez
Dans le long recit de sa honte,
Qu'on aura finy mon procez
Quand il aura finy son conte.
Les morts gisans sous Pelion
Toutes les cendres d'Ilion
N'ont point donné tant de matiere,
De faire des plaintes aux Cieux
Que cest ayseau malicieux
En vomist sur son Cimetiere.

Ce plaisir reste à son mal-heur
Que sa voix qui daigne le suiure,

A fin de venger sa douleur
La fait continuer de viure,
Il ne fait pas bon irriter
Celuy qui sçait si bien chanter:
Car l'artifice de l'enuie
Ne sçauroit trouuer vn tombeau,
D'où son esprit tousiours plus beau
Ne reuienne encore à la vie.

　　La cendre de son monument
Malgré les traces ennemies,
Fait reuiure eternellement
Son merite & leurs infamies,
Les vers flateurs & mesdisans
Trouuent tousiours des partisans:
Le pinceau d'vn faiseur de rimes,
S'il est adroit aux fictions,
Aux plus sinceres actions
Sçait donner la couleur des crimes.

　　Dieux que c'est vn contentement
Bien doux à la raison humaine,
Que d'exhaler si doucement
La douleur que nous fait la haine:
Vn brutal qu'on va pourfuiuant
Dans des souspirs d'air & de vent,
Cherche vne honteuse allegeance,
Mais la douleur des bons esprits
Qui laisse des souspirs escrits
Guerit auecques la vengeance.

　　Aniourd'huy dans les durs soucis
Du mal heur qui me bat sans cesse,
Si mes sens n'estoient adoucis
Par le respect de la Princesse,
I'escrirois auecques du fiel

Les aduersitez dont le ciel,
Souffre que les meschans me troublent,
Et quand mes maux m'accableroient,
Mes iniures redoubleroient
Comme leur cruautez redoublent.

    Peut estre les sanglants autheurs
De tant & de si longs outrages,
Ces infames persecuteurs
Verront mourrir leurs vieilles rages;
Et si ma fortune à son tour
Permet que ie me venge vn iour:
N'ay ie point vne ancre assez noire,
Et dans ma plume assez de traicts
Pour les peindre dans ces portraicts
Qui font horreur à la memoire?

    Mais icy mes vers glorieux
D'vn obiect plus beau que les Anges,
Laissent ce soing iniurieux
Pour s'occuper à des loüanges;
Puis que l'horreur de la prison
Nous laissent encor la raison;
Muses laissons passer l'orage
Donnons plustost nostre entretien,
A loüer qui nous fait du bien
Qu'à maudire qui nous outrage.

    Et mon esprit voluptueux
Souuent pardonne par foiblesse,
Et comme font les vertueux
Ne s'aigrit que quand on le blesse
Encore dans ces lieux d'horreur
Ie ne sçay quelle molle erreur,
Parmy tous ces obiects funebres
Me tire tousiours au plaisir,

Et mon œil qui ſuit mon deſir,
Void Chantilly dans ces tenebres.

 Au trauers de ma noire tour
Mon ame a des rayons qui percent,
Dans ce Parc que les yeux du iour
Si difficilement trauerſent,
Mes ſens enont tout le tableau,
Ie ſens les fleurs au bord de l'eau,
Ie prens le frais qui les humecte,
La Princeſſe s'y vient aſſeoir
Ie voy comme elle y va le ſoir
Que le iour ſuit & la reſpecte.

 Les vyſeaux n'y font plus de bruit,
Le ſeul Roy de leur harmonie,
Qui touche vn luth en pleine nuict
Demeure en noſtre compagnie:
Et laiſſant ces vieilles douleurs
Dans la lumiere & les chaleurs
Que la ſuitte du iour emporte,
Il concerte ſi ſagement
Qu'il ſemble que le iugement
Luy forme des airs de la ſorte.

ODE IX.

Moy qui chante ſoir & matin
Dans le cabinet de l'Aurore,
Où ie voy ce riche butin
Qu'elle prend au riuage More,
L'or, les perles & les rubis
Dont ſes flames & ſes habits,
Ont iadis marqué la Cigalle,
Et tout ce ſuperbe appareil
Qu'elle deſroboit au Soleil
Pour ſe faire aymer à Céphale.

Ie vis vn iour enseuelis
Deuant la Reyne d'Amathonte,
Tous les œillets & tous les lis
Que la terre cachoit de honte,
Car ie chantay l'hymne du pris
Qui fit voir que deuant Cypris
Toute autre beauté comparee,
Si peu les siennes esgalloit,
Qu'vn enfant cogneust qu'il falloit
Luy donner la pomme doree.

Tous les iours la Reine des bois
Deuant mes yeux passe & repasse,
Et souuent pour ouyr ma voix
Se destourne vn peu de la chasse,
Souuent qu'elle se va baigner
Où rien ne l'ose accompaener
Que ses Dryades vagabondes,
I'ay tout seul ceste priuauté
De voir l'esclat de sa beauté
Dans l'habit de l'air & de l'onde.

Mais i'atteste l'air & les Cieux
Dont ie tiens la voix & la vie,
Que mon iugemens & mes yeux
Ayment mieux mille fois Siluie.
Vn de ses regards seulement
Qui partent si nonchalamment,
Donne à mes chansons tant d'amorce;
Et de si douces vanitez,
Que les autres diuinitez
N'en iouyssent plus que de force.

Si mes airs cent fois recitez,
Comme l'ambition me presse,
Mesle tant de diuersitez

Aux chanſons que ie vous adreſſe,
C'eſt que ma voix cherche des traits,
Pour vn chacun de vos attraits:
Mais c'eſt en vain qu'elle ſe picque
De ſatisfaire à tous mes vœux,
Car le moindre de vos cheueux
Peut tarir toute ma muſique.

   Quand ma voix qui peut tout rauir
Reüſſiroit à vous complaire,
Le ſoin que i'ay de vous ſeruir.
Taſche en vain de me ſatisfaire:
Ie croy que mes airs innocens
Au lieu d'auoir flatté vos ſens,
Leur ont donné de la triſteſſe,
Et que mes accens enroüez,
Au lieu de les auoir loüez:
Ont choqué leur delicateſſe.

   Quand la nuict vous oſte d'icy
Et que ſes ombres couſtumieres,
Laiſſent ce cabinet noircy
De l'abſence de vos lumieres,
Auſſi toſt i'oy que le Zephyr
Me demande auec vn ſouſpir
Ce que vous eſtes deuenuë:
Et l'eau me dit en murmurant,
Que ie ne ſuis qu'vn ignorant
De vous auoir ſi peu tenuë.

   O Zephyres ! ô cheres eaux
Ne m'en imputez point l'iniure,
I'ay chanté tous les airs nouueaux
Que m'aprit autrefois Mercure:
Mais que ma voix d'oreſnauant
N'approche ny ruiſſeau ny vent,

Que l'air ne porte plus mes aisles,
Si dans le printemps auenir
Ie n'ay dequoy l'entreteuir
De dix mille chansons nouuelles.

Ainsi finit ces tons charmeurs,
L'oyseau dont le gosier mobile,
Souffle tousiours à nos humeurs
Dequoy faire mourir la bile,
Et bruslant apres son dessein
Il ramasse dedans son sein
Le doux charme des voix humaines,
La musique des instrumens
Et les paysibles roulemens
Du beau cristal de nos fontaines.

Comme en la terre & par le Ciel
Des petites mouches errantes,
Meslent pour composer leur miel
Mille matieres differentes,
Formant ses airs qui sont ses fruists,
L'oyseau digere mille bruists
En vne seule melodie,
Et selon le temps de sa voix,
Tous les ans le Parc vne fois
Le reçoit & le congedie.

ODE X.

ROssignol c'est assez chanté
Ce Parc est desormais trop sombre,
Ie trouue Apollon rebuté
D'escrire si longs temps à l'ombre,
Ces lieux si beaux & si diuers
Meritent chacun tous les vers
Que ie dois à tout le volume:
Mais ie sens croistre mon subiect,

Et tousiours vn plus grand obiect
Se vient presenter à ma plume.

   Ie sçay qu'vn seul rayon du iour
Meriteroit toute ma peine,
Et que ces estancs d'alentour
Pourroient bien engloutir ma veine,
Vne goute d'eau, vne fleur,
Chaque fueille & chaque couleur
Dont Nature a marqué ces marbres,
Merite tout vn liure à part
Aussi bien que chaque regard
Dont Siluie a touché ces arbres.

   Mais les Myrtes & les Lauriers
De tant de beauté desarace,
Et de tant de fameux guerriers
Me demandent desia leur place,
Sainćts Rameaux de Mars & d'Amour,
En quel si reculé seiour,
Vous plaist il que ie vous apporte?
C'est pour vous immortels ameaux
Que i'abandonne ces ormeaux
Et foule aux pieds leur fueille morte.

   Pour vous ie laisse aupres de moy
Vne loge auiourd'huy deserte,
Que iadis pour l'amour d'vn Roy
Ces arbres ont ainsi couuerte,
Sous ce toićt loing des Courtisans
De qui les soupçons mesdisans
N'ont iamais appris à se taire,
Alcandre a mille fois gousté
Ce qu'vn Prince à de volupté
Quand il treuue vn lieu solitaire.

   Ie dirois les secrets momens

Des faueurs des feintes malices,
Dont le caprice des Amants
Forme leur plainte & leur delices:
Mais si l'œil de Siluie vn iour
De ceste lecture d'Amour
Auoit surpris son innocence,
Ma prison me seroit trop peu,
Lors faudrois-il dresser le feu
Dont on veut punir ma licence.

    Suiuant le vertueux sentier
Où mon iuste dessein m'atire,
Ie laisse à gauche ce quartier
Pour le Faune & pour le Satyre;
Or quelque si pressant dessein
Qui m'enflame auiourd'huy le sein,
Quelque vanité qui m'appelle,
Ce seroit vn peché mortel,
Si ie ne visitois l'Autel,
Estant si pres de la Chappelle.

    Que ces arbres sont bien ornez,
Ie suis rauy quand ie contemple
Que ces promenoirs sont bornez
Des sacrez murs d'vn petit Temple,
Icy loge le Roy des Roys,
C'est ce Dieu qui porta la Croix,
Et qui fit à ces bois funebres
Attacher ses pieds & ses mains,
Pour deliurer sous les humains
Du feu qui vit dans les tenebres.

    Son Esprit par tout se mouuant,
Fait tout viure & mourir au monde,
Il arreste & pousse le vent,
Et le flux & reflux de l'onde;

Il oste & donne le sommeil,
Il monstre & cache le Soleil,
Nostre force & nostre industrie
Sont de l'ouurage de ses mains,
Et c'est de luy que les humains
Tiennent race, & biens & patrie.

    Il a fait le Tout du neant,
Tous les Anges luy font hommage,
Et le Nain comme le Geant
Porte sa glorieuse Image,
Il fait au corps de l'Vniuers
Et le sexe & l'aage diuers;
Deuant luy c'est vne peinture
Que le Ciel & chaque Element,
Il peut d'vn trait d'œil seulement
Effacer toute la Nature.

        Tous les siecles luy sont presens,
Et sa grandeur non mesuree
Fait des minutes & des ans,
Mesme trace & mesme duree,
Son Esprit par tout espandu
Iusqu'en nos ames descendu,
Voit naistre toutes nos pensees,
Mesme en dormant nos visions
N'ont iamais eu d'illusions
Qu'il n'ait auparauant tracees.

    Icy Muses à deux genoux,
Implorons sa diuine grace,
D'imprimer tousiours deuant nous
Les marques d'vne heureuse trace:
C'est elle qui nous doit guider,
Depuis celuy qui vint fonder
La premiere Croix dans la France,

Iusqu'à

Iusqu'à sa race qui promet
De la planter chez Mahomet,
Auec la pointe de sa lance.

C'est où mon esprit enchaisné
Goustera par vn long estude
L'aise que prend mon cœur bien né
Quand il combat l'ingratitude,
Et si i'ay bien loüé les eaux,
Les ombres, les fleurs, les oyseaux,
Qui ne songent point à m'éplaire:
Lisis qui songe à mon ennuy
Verra sur sa race & sur luy
Dla recognoissance exemplaire.

Il faudroit que ce deuancier
Le plus vieux que ie veux produire,
Eust bien enroüillé son acier
Si ie ne le faisois reluire:
Mes les liures & les discours
Ont si bien conserué le cours
De ceste veritable gloire,
Que ie feray de mauuais vers,
Si vos tiltres les plus couuerts
Ne font esclat en la memoire.

P

LETTRE DE THEOPHILE
A SON FRERE.

MOn frere mon dernier appuy,
Toy seul dont le secours me dure,
Et qui seul trouues auiourd'huy
Mon aduersité longue & dure,
Amy ferme ardant genereux
Que mon sort le plus mal-heureux,
Pique d'auanture à le suiure
Acheue de me secourir,
Il faudra qu'on me laisse viure
Apres m'auoir fait tant mourir.

Quand les dangers ou Dieu m'a mis
Verront mon esperance morte,
Quand mes iuges & mes amis
T'auront tous refusé la porte,
Quand tu seras las de prier,
Quand tu seras las de crier,
Ayant bien balancé ma teste
Entre mon salut & ma mort,
Il faut en fin que la tempeste
M'ouure le sepulchre ou le port.

Mais l'heure, qui la peut sçauoir!
Nos mal-heurs ont certaines courses,
Et des flots dont on ne peut voir
Ny les limites ny les sources,
Dieu seul cognoist ce changement:
Car l'esprit ny le iugement,
Dont nous a pourueus la Nature,
Quoy que l'on vueille presumer

N'entend non plus noſtre aduanture,
Que le ſecret flux de la Mer.

　　Ie ſçay bien que tous les viuans,
Euſſent-ils iuré ma ruyne,
N'ayderont point mes pourſuiuans,
Malgré la volonté diuine,
Tous les efforts ſans ſon adueu
Ne ſçauroient m'oſter vn cheueu,
Si le Ciel ne les authoriſe
Ils nous menaſſent ſeulement,
Eux ny nous de leur entrepriſe
Ne ſçauons pas l'euenement.

　　Cependant ie ſuis abbatu,
Mon courage ſe laiſſe mordre,
Et d'heure en heure ma vertu
Laiſſe tous mes ſens en deſordre,
La raiſon auec ſes diſcours,
Au lieu de me donner ſecours,
Eſt importune à ma foibleſſe
Et les pointes de la douleur,
Meſme alors que rien ne m'…
Me changent & voix & …

　　Mon ſens noircy d'vn long eff…
Ne me plaiſt qu'en ce qui l'attriſte,
Et le ſeul deſeſpoir chez moy
Ne trouue rien qui luy reſiſte,
La nuiſt mon ſomme interrompu,
Tiré d'vn ſang tout corrompu,
Me met tant de frayeurs dans l'ame,
Que ie n'oſe bouger mes bras,
De peur de trouuer de la flame
Et des ſerpens parmy mes dras.

　　Au matin mon premier obieſt,

P ij

C'eſt la cholere inſatiable,
Et le long & cruel proiect
Dont m'attaquent le fils du Diable,
Et peut eſtre ces noirs Lutins
Que la hayne de mes deſtins
A trouué ſi prompts à me nuire,
Vaincus par des Demons meilleurs,
Perdent le ſoin de me deſtruire
Et ſouflent leur tempeſte ailleurs.

Peut eſtre comme les voleurs
Sont quelquefois laſſez de crimes,
Les miniſtres de mes malheurs
Sont las de deſchiffrer mes rimes:
Quelque reſte d'humanité
Voyant l'iniuſte impunité
Dont on flatte la calomnie:
Peut eſtre leur bat dans le ſein,
Et s'oppoſe à leur felonnie
Dans vn ſi barbare deſſein.

Mais quand il faudroit que le Ciel
Meſlat ſa foudre à leur bruyne,
Et qu'ils auroient autant de fiel
Qu'il leur en faut pour ma ruyne,
Attendant ce fatal ſuccez,
Pourquoy tant de fieureux accez
Me feront-ils paſlir la face,
Et ſi ſouuent hors de propos
Auecques des ſueurs de glace:
Me troubleront-ils le repos?

Quoy que l'implacable couroux
D'vne ſi puiſſante partie,
Faſſe gronder trente verroux
Contre l'eſpoir de ma ſortie,

Et que ton ardante amitié
Par tous les soins de la pitié
Que te peut fournir la Nature,
Te rende en vain si diligent
Et ne donne qu'à l'aduanture
Tes pas, tes cris, & ton argent.

    I'espere toutesfois au Ciel
Il fit que ce troupeau farouche,
Tout prest à deuorer Daniel,
Ne trouua ny griffe ny bouche,
C'est le mesme qui fit jadis
Descendre vn air de Paradis
Dans l'air bruslant de la fournaise
Où les Saincts parmy les chaleurs:
Ne sentirent non plus la braise
Que s'ils eussent foulé des fleurs.

    Mon Dieu, mon souuerain recours
Peut s'opposer à mes miseres,
Car ses bras ne sont pas plus courts
Qu'ils estoient au temps de nos peres,
Pour estre si prest à mourir
Dieu ne me peut pas moins guerir,
C'est des afflictions extremes
Qu'il tire la prosperité
Comme les fortunes supremes,
Souuent le trouuent irrité.

    Tel de qui l'orgueilleux destin
Braue la misere & l'enuie
N'a peut estre plus qu'vn matin,
N'y de volupté ny de vie,
La fortune qui n'a point d'yeux
Deuant tous les flambeaux des Cieux,
Nous peut porter dans vne fosse,

Elle va haut, mais que sçait-on,
S'il fait plus seur dans sa Carroße
Que dans celle de Phaëton.

 Le plus braue de tous les Rois
Dreßant vn appareil de guerre,
Qui deuoit impoſer des loix
A tous les peuples de la terre,
Entre les bras de ſes ſubiets
Aſſeuré de tous les obiets
Comme de ſes meilleures gardes,
Se vid frappé mortellement,
D'vn coup à qui cent hallebardes
Prenoient garde inutilement.

 En quelle place des mortels
Ne peut le vent creuer la Terre,
En quel Palais & quels Autels
Ne ſe peut gliſſer le tonnerre?
Quels vaiſſeaux, & quels matelots
Sont touſiours aſſeurez des flots,
Quelquefois des Villes entieres
Par vn horrible changement
Ont rencontré leurs Cimetieres
En la place du fondement.

 Le ſort qui va touſiours de nuit
Enyuré d'orgueil & de ioye,
Quoy qu'il ſoit ſagement conduit
Garde mal ayſement ſa voye,
Hà que les ſouuerains decrets
Ont touſiours demeuré ſecrets
A la ſubtilité des hommes!
Dieu ſeul cognoiſt l'eſtat humain
Il ſçait ce qu'auiourd'huy nous ſommes,
Et ce que nous ſerons demain.

Or selon l'ordinaire cours
Qu'il fait obseruer à Nature
L'Astre qui preside à mes iours
S'en va changer mon aduanture,
Mes yeux sont espuisez de pleurs
Mes esprits vsez de malheurs,
Viuent d'vn sang gelé de craintes,
La nuit trouue en fin la clarté
Et l'excez de tant de contraintes
Me presage ma liberté.

    Quelque lacs qui me soit rendu
Par de si subtils aduersaires,
Encore n'ay-ie point perdu
L'esperance de voir Bousseres;
Encor vn coup le Dieu du iour
Tout deuant moy fera sa Cour,
Es riues de nostre heritage,
Et ie verray ses cheueux blons
Du mesme or qui luit sur le Tage
Dorer l'argent de nos sablons.

    Ie verray ces bois verdissants
Où nos Isles & l'herbe fraische
Seruent aux troupeaux mugissants
Et de promenoir & de Creche;
L'Aurore y trouue à son retour
L'herbe qu'ils ont mangé le iour;
Ie verray l'eau qui les abreuue
Et i'orray plaindre les grauiers,
Et repartir l'escho du fleuue
Aux iniures des mariniers.

    Le pescheur en se morfondant
Passe la nuit dans ce riuage,
Qu'il croist estre plus abondant

Que les bords de la mer sauuage,
Il vend si peu ce qu'il a pris
Qu'vn teston est souuent le prix,
Dont il laisse vuider sa nasse,
Et la quantité du poisson
Deschire parfois la tirasse
Et n'en paye pas la façon

    S'il plaist à la bonté des Cieux
Encore vne fois à ma vie
Ie paistray ma dent & mes yeux
Du rouge esclat de la Pauie,
Encore ce brignon muscat
Dont le pourpre est plus delicat
Que le teint vny de Caliste
Me fera d'vn œil mesnager
Estudier dessus la piste
Qui me l'est venu rauager.

    Ie cueilleray ces Abricots,
Les fraises à couleur de flames,
Ou nos Bergers font des escots,
Qui seroient icy bons aux Dames ;
Et ces figues & ces Melons,
Dont la bouche des Aquilons
N'a iamais sceu baiser l'escorce,
Et ces iaunes muscats si chers,
Que iamais la gresle ne force
Dans l'asyle de nos Rochers.

    Ie verray sur nos grenardiers
Leur rouge pommes entrouuertes ;
Où le Ciel comme à ses lauriers
Garde tousiours des fueilles vertes ;
Ie verray ce touffu Iasmin
Qui fait ombre à tout le chemin

D'vne

D'vne assez spacieuse allee,
Et la parfume d'vne fleur
Qui conserue dans la gelee
Son odorat & sa couleur.

 Ie reuerray fleurir nos prez
Ie leur verray couper les herbes,
Ie verray quelque temps apres
Le paysan couché sur les gerbes,
Et comme ce climat diuin
Nous est tres-liberal de vin,
Apres auoir remply la grange,
Ie verray du matin au soir
Comme les flots de la vendange
Escumeront dans le pressoir.

 Là d'vn esprit laborieux
L'infatigable Bellegarde,
De la voix, des mains & des yeux
A tout le reuenu prend garde,
Il cognoist d'vn exacte soin
Ce que les prez rendent de foin,
Ce que nos troupeaux ont de leines,
Et sçait mieux que les vieux paysans
Ce que la montagne & la plaine
Nous peuuent donner tous les ans.

 Nous cueillirons tout à moitié
Comme nous auons fait encore,
Ignorants de l'inimitié,
Dont vne race se deuore
Et freres & sœurs, & neueux,
De mesmes soin, de mesmes vœux,
Flatant vne si douce terre,
Nous y trauuerons trop dequoy

Q

Y d'eut l'orage de la guerre
R'amener le Canon du Roy.

Si ie paſſois dans ce loiſir,
Encore autant que i'ay de vie,
Le comble d'vn ſi cher plaiſir,
Borneroit toute mon enuie ;
Il faut qu'vn iour ma liberté
Se laſche en ceſte volupté ;
Ie n'ay plus de regret au Louure,
Ayant veſcu dans ces douceurs,
Que la meſme terre me couure
Qui couure mes predeceſſeurs.

Ce ſont les droits que mon pays
A meritez de ma naiſſance,
Et mon ſort les auroit trahis
Si la mort m'arriuoit en France ;
Non, non quelque cruel complot,
Qui de la Garonne & du Lot,
Vueille eſloigner ma ſepulture
Ie ne dois point en autre lieu
Rendre mon corps à la Nature,
Ny Reſigner mon ame à Dieu.

L'eſperance ne confond point
Mes maux ont trop de vehemence,
Mes trauaux ſont au dernier point,
Il faut que mon propos commence ;
Qu'elle vengeance n'a point pris
Le plus fier de tous ces eſprits
Qui s'irritent de ma conſtance,
Ils m'ont veu laſchement ſoubmis
Contrefaire vne repentance
De ce que ie n'ay point commis.

Hâ! que les cris d'vn innocent,
Quelques longs maux qui les exercent
Trouuent mal-ayſement l'accent,
Dont ſes ames de fer ſe percent,
Leur rage dure vn an ſur moy
Sans trouuer ny raiſon ny loy,
Qui l'appaiſe ou qui luy reſiſte,
Le plus iuſte & le plus Chreſtien
Croit que ſa charité m'aſſiſte
Si ſa haine ne me fait rien.

L'enorme ſuitte de malheurs!
Dois-ie donc aux race meurtrieres,
Tant de fieuvres & tant de pleurs,
Tant de reſpects, tant de prieres,
Pour paſſer mes nuicts ſans ſommeil,
Sans feu, ſans air, & ſans Soleil,
Et pour mordre icy les murailles:
N'ay-ie encore ſouffert qu'en vain,
Me dois-ie arracher les entrailles
Pour ſouler leur derniere faim?

Pariures infracteurs des loix,
Corrupteurs des plus belles ames,
Effroyables meurtriers des Rois,
Ouuriers de couſteaux & de flames,
Paſles Prophetes de tombeaux,
Fantoſmes, Lougaroux, Corbeaux,
Horrible & venimeuſe engeance
Malgré vous race des enfers,
A la fin i'auray la vengeance
De l'iniuſte affront de mes fers.

Derechef mon dernier appuy,
Toy ſeul dont le ſecours me dure,

Q ij

Et qui seul trouues auiourd'huy
Mon aduersité longue & dure,
Rare frere, amy genereux,
Que mon sort le plus malheureux
Pique d'auantage à le suiure,
Acheue de me secourir,
Il faudra qu'on me laisse viure
Apres m'auoir fait tant mourir.

F I N.

www.ingramcontent.com/pod-product-compliance
Lightning Source LLC
Chambersburg PA
CBHW051741090426
42738CB00010B/2354